Gerda Zipfelmayer

OMAS KRÄUTERREZEPTE DURCH DAS JAHR

MIX
Papier aus verantwortungsvollen Quellen
FSC® C118234
www.fsc.org

ISBN 978-3-99025-434-9

printed by GPS-Group

Layout: freya_art, Regina Raml-Moldovan
Lektorat: Dorothea Forster
Fotos: Gerda Zipfelmayer, weitere siehe Seite 216

Hinweis:
Die Angaben in diesem Buch sind von der Autorin sorgfältig geprüft worden, dennoch sind sie ohne Gewähr. Die im vorliegenden Buch beschriebenen Heilwirkungen und medizinischen Anwendungen von Pflanzen haben lediglich informativen Charakter, eine Durchführung der Heilanwendungen findet vom Leser eigenverantwortlich statt. Dies gilt insbesondere bei ernsthaften gesundheitlichen Problemen. Eine Haftung des Autors, des Verlages oder seiner Beauftragten ist ausgeschlossen.

GERDA ZIPFELMAYER

Omas KRÄUTER REZEPTE

durch das Jahr

freya

Vorwort ... 9

Januar

Tee für alle Fälle ... 11
Gut durch den Winter ... 11
Gute-Laune-Tee ... 11
Hustentee ... 12
Lindenblüten-Hollerblüten-Tee (Schwitztee) ... 12
Mein Wintertraum ... 12
Wenn's draußen feuchtelt ... 13
Teekochen – eine kleine Einführung ... 13
Erdäpfel mit Blunzenradln und Blattsalat ... 14
Koteletts mit Gartenbeilage ... 14
Erdäpfelgulasch ... 16
Brot im Topf ... 16
Strudelteigröllchen mit Kichererbsen und Hummus ... 18
Kräutersalz ... 19
Pfeffersalz ... 19
Apfelkuchen mit versunkenen Äpfeln ... 20
Lebkuchenlikör ... 21
Restlverwertungsdessert ... 21
Mürbes Apfelschlankel ... 22
Beinwellsalbe ... 23
Gelenksalbe ... 24

Februar

Verdauungsschnapsl ... 25
Salbenthermophor ... 26
Hustentee 2 ... 26
Tee „Ich warte auf den Frühling" ... 26
Tee „Frühlingszauber" ... 27
Steirisches Wurzelfleisch mit Salzkartoffeln ... 29
Schweinslungenbraten in Erdäpfelpufferkruste ... 30
Fleischbällchen am Spieß ... 31
Schnecken am Stecken ... 32
Wildkräuterblinis mit Rotem-Zwiebel-Confit ... 33
Erdäpfelkas ... 33
Grüne Palatschinken pikant gefüllt ... 34
Topfenblätterteigtascherl mit Kräuter-Speckfülle ... 35
Forellenquadratln ... 35
Frühlingskräuterquiche ... 36
Rote-Rüben-Brot mit Knack ... 37
Roter Rübenaufstrich auf Baguette ... 38
Erdäpfelkekse mit Vogelmierencreme ... 38
Schoko-Brennnesselsamen-Nuss-Trauben ... 39
Schwedenbittercreme ... 40

März

Dinkel-Brennnesselstangerl ... 42
Becherknäcke mit Brennnesseln ... 42
Bärlauch-Kichererbsen-Aufstrich ... 43
Bärlauchaufstrich ... 43
Bärlauchsalz ... 44
Bärlauchpaste ... 44
Bärlauchessig ... 45
Bärlauchöl ... 45
Linsen mit Speck und Kräuter-Semmelknödeln ... 46
Restlstrudel mit Kräutersoße ... 47

Omas Lieblingsbrot ... 48
Grüne Weckerl ... 49
Pizzabällchen ... 49
Quinoa-Laberl ... 50
Vogelmieren-Minimuffins ... 51
Karottenkuchen ... 52
Selbst gemachte Schokolade mit Lindenknospen ... 52
Brombeerknödel „Die heilige 7" ... 53
100-Krankheiten-Heiler-Rotwein ... 54
Ingwersirup ... 55
Desinfektionsmittel ... 55

April

Gänseblümchengelee ... 57
Gänseblümchenhonig ... 57
Gänseblümchensalz ... 58
Gänseblümchentinktur ... 58
Bärlauchzupfbrot ... 60
Bärlauchlaibchen ... 61
Polenta-Bärlauch-Genuss ... 63
Pesto-Drahdiwaberl ... 63
Bärlauchmaki ... 64
Bärlauchkasallerlei ... 65
Blätterteigröllchen mit Bärlauchcreme ... 65
Bärlauchstangerl ... 66
Kräuterstangerl „Restlverwertung" ... 67
Preiselbeer-Kren-Aufstrich ... 68
Knoblauchbaguette ... 68
Linsen-Schafgarben-Aufstrich mit Wurzelbrot ... 69
Zipfelines versteckte Wildkräuterblätter mit Sojasoße ... 71

Brennnesselchips, in Bierteig gebacken ... 71
Zweierlei Käsepralinen im Blütenmantel ... 72
Holler-Joghurt-Creme ... 73
Wiesenlimonade ... 74
Veilchensirup ... 74

Mai

Rhabarberkompott ... 75
Rhabarber-Streuselkuchen ... 76
Rhabarberfladen – Kuchen mit Schneehauberl ... 77
Brennnesselspinat ... 78
Brennnessellaberl ... 79
Brennnesselknödel ... 80
Brennnesselmuffins ... 81
Brennnesselnudeln ... 81
Knackige Brennnesselkräckers mit pikantem Hummus ... 82
Knofeknepf ... 83
Suchtaufstrich ... 84
Gebackene Spargelstangerl mit Wildkräutercreme ... 84
Wildkräutercreme ... 85
Zipfelines Kräuterwürze ... 85
Kraftlackl-Sirup ... 86
Hollerblütenessig ... 87
Hollersirup ... 88
Löwenzahnlikör ... 88
Löwenzahnsirup ... 89
Wipferlsirup ... 89
Anti-Husten-Wipferl-Würfel ... 90

Juni

Hexenpfeffer ... 91
Grammelfladen ... 92
Helles Brot (Dinkel-Weizen) ... 93
Angezogene Karotten ... 94
Karotten-Hummus ... 95
Meisterwurz ... 95
Gefüllte Blüten ... 96
Hasensalat ... 97
Schnitzerlsalat ... 98
Brotchips ... 98
Brennnesselkekse, die glücklich machen ... 99
Himbeer-Fladen-Kuchen ... 100
Kirsch-Mohnkuchen mit Rumglasur ... 101
Kirschenkompott eingekocht ... 101
Kirschkernkissen ... 102
Biskuitroulade „Opas Liebling" ... 102
Hollerblüten ... 103
Rosenblütenpralinen ... 104
Erdbeerlikör ... 104
Lippenpflegestifte ... 105
Blutwurztinktur ... 105
Rotöl ... 106

Juli

Zucchinicremesupperl mit Pusstawürstln ... 107
Einkochen der Suppe ... 108
Lasagne, einmal anders ... 109
Zucchinisalat mit Allerlei aus dem Garten ... 110
Kohlrabicreme-Tascherl ... 111
Gemüsemuffins ... 112
Paradeissoße Extraklasse ... 113
Waldaufstrich mit Eierschwammerl ... 114
Senfgurken ... 114
Gurken mit Gemüse eingelegt ... 115
Apfelmus, gepaart mit Hollerjoghurt und garniert mit Blütenkeksen ... 116
Heidelbeer-Topfen-Traum ... 117
Weingartenpfirsichröster ... 118
„Traum von Apfelmus!"-Torte ... 119
Marillen-Schoko-Kuchen ... 120
Auszogener Apfelstrudel ... 121
Ribiselessig ... 123
Himbeeressig ... 123
Kriacherlmarmelade ... 124
Kriacherlsirup ... 124
Wiesenköniginnen-Sirup ... 125
Schafgarbensirup ... 126
Sehnen-und-Gelenks-Retter ... 127

August

Geröstete Eierschwammerl mit Ei ... 129
Eierschwammerl eingelegt ... 130
Knoblauchcreme-Suppe ... 131
Knoblauchpaste ... 131
Schweinskoteletts mit Polentaschnittchen, Bärlauchpesto und Eierschwammerl in Rahmsoße ... 132
Krautsalat auf Vorrat ... 133
Karottengrünes Pesto ... 133
Mini-Weckerl, mit Samen bestreut ... 134
Linsenaufstrich mit Kräutern ... 135

Zucchini-Sesam-Aufstrich ... 136
Zucchini, im Backteig versteckt mit Knoblauchrahm ... 137
Paradeiser, passiert und eingekocht ... 138
Fisolen eingekocht ... 138
Hexenhonig ... 139
Dirndlaufstrich ... 139
Blütenherzerl ... 140
Versteckerl-Muffins ... 141
Schneller Heidelbeerkuchen ... 142
Linzertorte mit Brennnesselsamen ... 143
Schoko-Kirsch-Kuchen mit Schwips ... 144
Brombeeren in Weinbrand ... 145
Beifußöl ... 145

September

Zupfnockerlsuppe ... 147
Kohl-Erdäpfelstrudel mit Wurstrestln ... 148
Erdäpfelpüreelaberl ... 149
Kürbiskern-Kraftaufstrich ... 149
Goldrutenweckerl ... 150
Goldene Butter ... 150
Brennnesselsalz ... 151
Gelenksretterbecher ... 151
Apfelstreusel-Kuchen ... 152
Apfelmuskuchen ... 153
Apfelstrudel aus Gleichschwer-Topfenteig ... 154
Kräutertorte ... 155
Hagebuttensirup ... 156
Hagebuttenküsse ... 157
Wildes Herbstgelee ... 158
Hollersaftl „Steirerart“ ... 158
Hollerlikör „Gut für Leib und Seele“ ... 159
Hokazi ... 159
Weißdornsafterl ... 160
Weißdorn Likör – fürs Herzerl ... 161
Hetscherl-Likör ... 162
Vogelbeer-Campari ... 162

Oktober

Spalterbsensuppe ... 163
Lauchcreme-Suppe ... 164
Schafmischkäsezigarren für Genießer ... 165
Zwiebeltaler ... 166
Brennnesselroulade mit pikanter Füllung (alternativ Mangoldroulade) ... 167
Nudeln ... 168
Selbst gemachte Nudeln in Schinken-Rahmsoße ... 168
Paradeissugo ... 169
Omas Ketchup „Curry“ ... 170
Omas Ketchup „Pikant“ ... 170
Mohnstrudel aus Germteig ... 171
Beerenstreuselkuchen ... 172
Kuchen für alle Fälle ... 173
Überraschungsguglhupf ... 174
Mürber Apfelkuchen ... 175
Apfelchutney „HOT“ ... 176
Apfelmus nach Gerda-Oma ... 176
Die-Rote-Isabella-Likör ... 177
Isabella-Gelee ... 177
Hagebuttenpralinen mit Rosenzucker ... 178
Hagebuttenpralinen mit Rosenzucker 2 ... 178

November

Hagebuttenmarmelade ... 179
Likör ... 180
Kernlestee ... 180
Tee ... 180
Herbsttee „Es herbstelt“ Nr. 2 ... 181
Tee, der glücklich macht ... 181
Quittengelee ... 182
Quittenkas ... 183
Quittenessig ... 184
Quittenkerne ... 184
Joghurtbrot ... 185
Scharfe Pfefferoni-Würzpaste ... 186
Kümmel-Magenbitter ... 187
Brennnessel-Mohn-Pralinen ... 187
Dessert mit 3erlei von der Kuh ... 188
Kletzerl-Kakao-Guglhupf ... 189
Topfentorte im Mürbteigmantel ... 190
Rumpops ... 191
Badeblüten oder Herzen ... 192
Feste Handcreme ... 193
Lavendelseife „Lavandula“ ... 194
Karottenöl ... 196
Narbenkiller ... 196

Dezember

Gänseblümchen-Knäcke ... 197
Paradeispesto ... 198
Aztekenbrötchen mit Dip ... 199
Wutzinudeln ... 200
Palatschinken ... 201
Gesunde Ingwer-Happen ... 201
Sektgelee ... 202
Rotweingelee ... 202
Apfelkuchen mit Rahm und Nüssen ... 203
Hildegards Nervenkekse ... 204
Hildegard Gewürzmischung ... 204
Hausfreunde ... 205
Maronipralinen ... 206
Kaiserpunschtrüffel ... 207
Kaiserpunsch ... 208
Fruchtplätzchen ... 209
Ein flotter Dreier ... 210
Vanillekipferl ... 210
Glücksschweinchen ... 211
Badesalz „Rosenduft“ ... 212

Rezeptindex ... 213

Vorwort

Für Gerda Zipfelmayer ist das Kochen mit Kräutern wie ein Spaziergang im Garten, den sie bei sich in der Küche hat – sie kann jederzeit darin herumwandern, auch wenn sie das Haus gar nicht verlässt. Alles, was das eigene Grundstück und die Umgebung hergeben, wird zu kreativen Kräutermahlzeiten, die nicht nur ihr selbst, sondern vor allem ihren Lieben schmecken: dem Gatten, der Schwiegertochter, dem Sohn und auch dem Enkel. Nicht zu vergessen den vielen Menschen, die einen ihrer Kochkurse besuchen.

Mit Wildpflanzen & Co kommt man vital und fit durch das ganze Jahr und man muss nicht einmal seine gewohnte Lebensweise umstellen. 12 Monate mit typischen, durch Oma Zipfelmayers Kräuterkenntnisse inspirierten Rezepten steigern das Wohlbefinden und schaffen Bewusstsein für das, was wirklich zählt auf dieser Welt. Pflanzenschätze, die es meist gratis und in guter Qualität vor der Haustüre gibt, zu entdecken und damit so Bedeutendes wie *Gesundheit* zu bewirken.

Für jeden Monat des Jahres gibt es eine Fülle von Tipps und Hinweisen, wie aus einer *normalen* eine *Kräuter-Küche* wird. Im Jänner das Brot im Topf, im Februar der Rote-Rüben-Aufstrich, im März Vogelmieren-Minimuffins, im April Bärlauchstangerl, im Mai Wipferlsirup, im Juni Hexenpfeffer, im Juli Gemüsegurken, im August Blütenherzerl, im September Zupfnockerl-Suppe, im Oktober Paradeissugo, im November Hagebuttenmarmelade und im Dezember Hausfreunde und Maronipralinen: 100 aussagekräftige Rezepte mit Mehrwert für jeden Geschmack und jeden Geldbeutel.

Das Buch ist eine Fundgrube für Kräuterfreunde, die über das Alltägliche hinaus köstlich, gesundheitsspendend und regional kochen wollen.

Siegrid Hirsch

Januar

Der Januar ist nicht unbedingt der Monat, wo sich im Freien viel tut. Die Zeit kann man aber nützen, um kleine Geschenke vorzubereiten.

So mache ich z. B. einen Lebkuchenlikör, der wirklich gut schmeckt und die Winter- und Weihnachtszeit noch ein bisschen nachklingen lässt.

Einige Teerezepte, welche man im Winter gut brauchen kann und die wir immer gerne mischen und auch trinken.

Tee für alle Fälle

Diese Teemischung tut einfach immer gut. Egal ob der Magen rebelliert oder ich nervös bin, er hilft. Er wirkt auch entzündungshemmend, verdauungsfördernd und regt den Appetit an. Er ist einfach der Tee für alle Fälle.

Zutaten:

- Schafgarbe, Kamille, Minze, Holunderblüten, Ehrenpreis, Fenchel und Hopfen.

Zubereitung:

» Dieser Tee wird im Heißaufguss hergestellt.

Gut durch den Winter

Ein Tee, mit welchem wir „Gut durch den Winter" kommen.

Zutaten:

- Melisse, Zitronenverbene, Apfelschalen, Zitrone, Fenchel und Ringelblumenblüten

Zubereitung:

» Dieser Tee wird im Heißaufguss hergestellt.

Gute-Laune-Tee

Auch der „Gute-Laune-Tee" hilft in dieser Jahreszeit.

Zutaten:

- Hagebutten, Apfelschalen, Malvenblüten, Zimtrinde und Melisse

Zubereitung:

» Dieser Tee wird im Heißaufguss hergestellt.

Hustentee

Zutaten:

- 20 g Spitzwegerich
- 20 g Eibischblätter
- 55 g Eibischwurzel
- 20 g Isländisch Moos
- 5 g Malvenblüten

Zubereitung:

» 1 Esslöffel mit einer Schale zimmerwarmem Wasser übergießen und gelegentlich umrühren.

» Nach 1–2 Stunden abseihen und erwärmen. Nicht zu heiß und schluckweise trinken.

» Wir setzen jede Schale frisch an. Wenn Schleimstoffe in Pflanzen enthalten sind, ist immer ein Kaltansatz gut (Mazerat).

Lindenblüten-Hollerblüten-Tee (Schwitztee)

Bei Erkältungskrankheiten und damit verbundenen Beschwerden wie Fieber trinken wir eine Kombination aus Linden- und Holunderblüten.

Mein Wintertraum

Noch eine Mischung für die kalte Jahreszeit ist „Mein Wintertraum"

Zutaten:

- Getrocknete Apfelstückchen, verschiedene Beeren getrocknet, Minze, Melisse, Zitronenverbene, Lindenblüten, Holunderblüten, Malve, Ringelblumenblüten, Kornblumenblüten, Zimt und Nelken

Zubereitung:

» Dieser Tee wird im Heißaufguss hergestellt.

Wenn's draußen feuchtelt

Eine Teemischung, welche ich zu dieser Jahreszeit sehr mag, ist dieser Wintertee. So, nun kann mir bzw. uns das feuchte Wetter nichts mehr anhaben.

Zutaten:

- Hagebutte, Melisse, Quendel
- Weiters gebe ich dann nach Gefühl Lavendel, Königskerze, Ringelblumenblüten und Kamille dazu.

Zubereitung:

» Dieser Tee wird im Heißaufguss hergestellt.

Teekochen – eine kleine Einführung

INFUS – AUFGUSS

Unsere Teemischung (Droge) wird mit heißem Wasser übergossen und dann 5 Minuten zugedeckt ziehen gelassen. Wird gern bei Lippenblütlern und Pflanzen, welche ätherische Öle als Inhaltsstoff haben, gemacht.

DEKOKT – ABKOCHUNG

Unsere Mischung oder unser Kraut (Droge) wird gut ausgekocht. Die Abkochung wird bei Kräutern angewendet, welche Kieselsäure oder Gerbstoffe als Inhaltsstoff haben.

MAZERAT – KALTAUSZUG

Hier wird unser Kraut (Droge) mit kaltem Wasser angesetzt, 6–12 Stunden stehen gelassen und dann abgeseiht und erwärmt. Das machen wir vorwiegend bei Pflanzen, welche Schleimstoffe beinhalten.

AUFKOCHUNG

Die Aufkochung ist eine Kombination von Mazerat und Infus. Hier setzen wir das Kraut für eine Stunde in kaltem Wasser an. Danach bringen wir es zum Sieden, nehmen es vom Herd, decken zu und lassen 10 Minuten ziehen. Das wäre angebracht, wenn in den Inhaltsstoffen Saponine enthalten sind.

Erdäpfel mit Blunzenradln und Blattsalat

Ein ganz schnelles Essen, das ich immer wieder gerne mache.

Zutaten:

- Erdäpfel
- Öl
- Kräutersalz
- Blutwurst
- Mehl

Zubereitung:

» Erdäpfel kochen, schälen, in Fett rösten und mit Kräutersalz würzen.

» Die Blunzn (Blutwurst) in Radln (Scheiben) schneiden, im Mehl wenden und im heißen Fett braten. So werden die Radln schön knusprig.

» Zu den Erdäpfeln geben und mit Blattsalat servieren.

Koteletts mit Gartenbeilage

Wir kochen wieder aus unserer Vorratskammer. Erdäpfel, Fisolen, Paradeiser, Zwiebel und Knoblauch. Das ergibt dann ein herrliches Mittagessen.

Zutaten:

- 800 g Karree, in Koteletts geschnitten
- 75 g Speck
- 1 EL Öl
- 1 Zwiebel
- 1 Knoblauchzehe
- 1 Glas Paradeissoße
- 1 Glas eingekochte Fisolen
- Salz, Pfeffer
- Thymian
- Bohnenkraut
- 1 EL Mehl
- Schmalz
- Paprikapulver
- ca. 1 kg Erdäpfel

Zubereitung:

» Speck würfelig schneiden und in Öl 3 Minuten glasig schwitzen.

» Zwiebel fein hacken, Knoblauch pressen, dazugeben und weitere 3 Minuten durchschwitzen.

» Paradeissoße zufügen, dann die gut abgetropften Fisolen dazugeben. 15 Minuten dünsten bzw. ziehen lassen. Gut würzen.

» Inzwischen das Fleisch salzen, pfeffern und in Mehl wenden. In Schmalz knusprig braten. Aus der Pfanne nehmen und mit Paprika bestauben.

» Mit den Fisolen und Röstkartoffeln servieren.

Erdäpfelgulasch

Da wir auch immer eigene Erdäpfel haben, gibt es natürlich auch öfters Erdäpfelgulasch.

Zutaten:

- 1 kg Erdäpfel
- 2 Zwiebeln
- 1 Knoblauchzehe
- Suppenwürfel
- Tomatenmark
- Salz
- Pfeffer
- Majoran
- Thymian
- Öl
- Paprikapulver edelsüß
- Würsteln nach Wahl oder was grad da ist
- Erdäpfel, Zwiebel und Knoblauch ist bei uns Marke Eigenbau.

Zubereitung:

» Erdäpfel schälen, in Würfel schneiden und im kalten Wasser kurz stehen lassen.

» Zwiebeln und Knoblauch fein hacken und in Öl anrösten. Tomatenmark und die Gewürze zufügen, kurz mitrösten und mit den Erdäpfeln samt Wasser aufgießen.

» 20 Minuten zugedeckt kochen lassen, in Scheiben geschnittene Würstel zufügen und weitere 10 Minuten kochen.

» Mit einem Löffel Sauerrahm garnieren und mit frischem Brot servieren.

Brot im Topf

Brot im Topf ist eine tolle Variante, wenn man zum Frühstück frisches Brot möchte. Man fängt um 16 Uhr des Vortages an und kann um 8 Uhr morgens am darauffolgenden Tag das frische Brot genießen.

Zutaten:

- 300 g Mehl glatt
- 200 g Roggenmehl
- 10 g Kräutersalz
- 20 g Germ
- 1 EL Brotgewürz
- 300 ml lauwarmes Wasser

Zubereitung:

» Die Germ im lauwarmen Wasser auflösen, zu den übrigen Zutaten geben und in der Küchenmaschine 5 Minuten kneten.

» Den Teig zu einer Kugel formen und in ein mit Mehl bestäubtes Gärkörbchen legen. Mit einem Tuch abdecken und für 15 Stunden in den Kühlschrank stellen.

» Am nächsten Morgen das Backrohr auf 250 °C vorheizen und einen Topf mit Deckel hineinstellen. Das Gärkörbchen aus dem Kühlschrank nehmen, den Teig mit Mehl stauben und mit einem scharfen Messer rundum einen kleinen Schlitz schneiden. Tiefe ca. 5 mm.

» Nun den heißen Topf aus dem Rohr nehmen, den vorbereiteten Teigling hineinlegen und zudecken.

» Ins Rohr geben und 30 Minuten bei 250 °C zugedeckt backen. Nach dieser Zeit die Temperatur auf 220 °C runterdrehen, den Deckel abnehmen und weitere 20 Minuten backen. Danach aus dem Rohr nehmen und auskühlen lassen.

Strudelteigröllchen mit Kichererbsen und Hummus

Zutaten:

- 1 Pkg. Strudelteig
- 1 Zwiebel
- 1 EL Öl
- 1 Knoblauchzehe
- 200 g Kichererbsen gekocht oder gekocht
- 200 g Hummus
- Salz, Pfeffer
- Mutterkümmel
- Zitronensaft

Kichererbsen und Hummus muss man ausprobieren.

Zubereitung:

» Öl in einer Pfanne erhitzen, fein gehackte Zwiebel, Knoblauch und die abgetropften Kichererbsen 10 Minuten durchrösten. Mit dem Hummus vermischen und würzen.

» Jedes Teigblatt in 4 Teile schneiden. An der unteren Seite je 1–2 Esslöffel Hummusmischung verteilen. Die Seitenränder einschlagen und aufrollen. Mit Öl bepinseln und eventuell mit Sesam bestreuen. Im vorgeheizten Backrohr, bei 190 °C, ca. 15 Minuten backen.

Der Januar lädt aber auch zum Salzmischen ein. Ich verwende Steinsalz, Meersalz und manchmal Himalayasalz. Wie es gerade passt.

Das Steinsalz ohne Jodzusatz und ohne Rieselhilfe ist im Moment mein Favorit. Warum? Manche Kräuter oder auch Knoblauch behalten dadurch die Farbe besser. Aber jeder hat so seine Vorlieben.

Kräutersalz

Zutaten:

- Brennnesselblätter
- Brennnesselsamen
- Schafgarbe Blüte und Blatt
- Gundelrebe
- Rosmarin
- 2 Zehen Knoblauch
- Salz

Zubereitung:

» Im Mörser oder in der Küchenmaschine zerkleinern.

Ein tolles Salz. Bei den Kräutern kann man natürlich immer auch variieren.

Pfeffersalz

Eine weitere Salzmischung, die mein Mann besonders liebt, ist das Pfeffersalz.

Zutaten:

- 300 g Salz
- 10 g Pfefferkörner bunt
- 20 g Brennnesselsamen
- 1 Tropfen ätherisches Pfefferöl

Zubereitung:

» Die Zutaten im Mörser oder in der Küchenmaschine zerkleinern.

Apfelkuchen mit versunkenen Äpfeln

Zutaten:

- 220 g glattes Dinkelmehl
- 1 Pkg. Backpulver
- 220 g Staubzucker
- 180 g Öl (nach Wahl) (*Ich nehme am liebsten Bio-Sonnenblumenöl aus der Region*)
- 4 Eier
- 3 große Äpfel, geschält und in stärkere Spalten geschnitten

Zubereitung:

» Zucker mit Öl glatt rühren. Nach und nach die Eier einrühren.

» Das mit Backpulver vermischte Mehl unterheben.

» Eine Tortenform gut einölen. Die Apfelspalten auf den Tortenboden schlichten. Den Teig darüberstreichen.

» Im auf 180 °C vorgeheizten Backrohr 40–50 Minuten backen.

Geht ganz schnell und die Zutaten hat man meistens zu Hause.

Lebkuchenlikör

Zutaten:

- 350 ml Schlagobers
- 120 ml Korn
- 80 ml Whiskey
- 4 EL Haselnusscreme
- 2 TL Lebkuchengewürz

Zubereitung:

» Alle Zutaten mit dem Mixer mischen. In kleine Flaschen füllen und einen etwas anderen Cremelikör genießen.

Restlverwertungsdessert

Dieses Dessert würde uns wahrscheinlich auch ganz guttun.

Zutaten:

- 350 ml Glühweinrestl von Weihnachten
- 200 ml Weißdornsaft
- Zimt
- Zucker
- 2 EL Maizena (Stärke)
- 200 ml Joghurt
- Zimt
- Zucker
- etwas Honig

Statt des Honigs habe ich auch schon Grafenschacher Goldsaft genommen. Mhm.

Schaut toll aus, wie dunkles Bier mit Schaum.

Zubereitung:

» Glühwein und Weißdornsaft erwärmen, mit Zimt und Zucker würzen und mit dem Maizena binden. In vier vorbereitete Gläser füllen und kalt stellen.

» Inzwischen Joghurt mit Zimt und Zucker und etwas Honig verrühren und auf die abgekühlte Glühweinmischung geben.

» Mit Zimtzucker bestreuen und servieren.

Mürbes Apfelschlankel

Zutaten Teig:

- 200 g glattes Mehl
- 90 g Staubzucker
- 80 g Butter
- 50 g Topfen
- 1 Ei
- ½ Pkg. Backpulver
- 1 Pkg. Vanillezucker

Zutaten Fülle:

- 4 große Äpfel, geschält und gehobelt
- Rosinen, nach Geschmack in Rum eingeweicht
- ein Spritzer Zitronensaft
- 1 EL Apfelstrudelzucker

Zubereitung:

» Aus den Teigzutaten einen Mürbteig bereiten, in Folie einwickeln und 1 Stunde im Kühlschrank rasten lassen.

» Auf einem bemehlten Tuch ausrollen, die Apfelfülle darauf verteilen und mit Hilfe des Tuches einrollen. Nahtseite unten. Oberseite mit einer Gabel etwas perforieren.

» Im vorgeheizten Backrohr bei 170 °C ca. 40 Minuten goldbraun backen. Mit Staubzucker bestreuen.

Für den Apfelstrudelzucker habe ich Apfelchips mit Zucker und etwas Zimt gemahlen.

Beinwellsalbe

Diese Jahreszeit bietet sich auch immer zum Salbenrühren an. Voraussetzung ist natürlich, man hat im Sommer und Herbst vorgesorgt und die nötigen Ölauszüge gemacht. Salbe Nr. 1 ist bei mir immer die Beinwellsalbe. Ohne diese geht ja gar nichts und – ihr werdet sehen – Salbenrühren ist ganz einfach.

Zutaten:

- 100 ml Beinwellöl, ich mache es immer aus der Wurzel
- 12 g Bienenwachs
- 6 Tropfen ätherisches Öl der Immortelle
- 6 Tropfen ätherisches Öl der Schafgarbe

Zubereitung:

» Das Beinwellöl und das Bienenwachs in ein feuerfestes Glas geben und im Wasserbad sanft schmelzen. Dabei immer wieder rühren.

» Wenn sich das Öl mit dem Wachs verbunden hat, aus dem Wasserbad nehmen, weiterrühren, bis es etwas abgekühlt ist, dann die ätherischen Öle einrühren.

» Gut verrühren und in kleine Gläser füllen. Offen lassen, bis die Masse komplett ausgekühlt ist.

» Dann verschließen und beschriften.

Gelenksalbe

Die Gelenksalbe wird nach demselben Prinzip zubereitet, nur die Zutaten sind etwas anders. Eine Variante der Gelenksalbe ist mein Sehnen- und Gelenkretter. Dieser ist im Juli auf Seite 127 beschrieben.

Zutaten:

- 100 ml Beinwellöl
- 50 ml Arnikaöl
- 50 ml Rotöl (Johanniskrautöl)
- 20 g Bienenwachs
- 25 g Lanolin (alternativ Kakaobutter oder Sheabutter)
- 10 Tropfen ätherisches Lavendelöl

Zubereitung:

» wie Beinwellsalbe

Ich hebe mir kleine Kaviargläser auf und besorge mir nur neue Deckel. So habe ich immer ein Gefäß bereit, wenn ich meine Schätze verpacke.

Februar

Verdauungsschnapsl

Nachdem es heuer im Februar noch ziemlich kalt ist, weit und breit kein Grün zu finden, habe ich mich entschlossen ein Verdauungsschnapsl anzusetzen. Die Zutaten hatte ich zu Hause und nun geht's los.

Zutaten:

- 1 l Korn 38 %
- 18 g Anis
- einige Kubebenfrüchte
- 2 unbehandelte Zitronen
- 140 g Zucker

Zubereitung:

» Die Zitronen waschen und samt Schale klein schneiden, Saft auffangen. Alles zusammen in ein größeres Glas füllen. Verschließen, aber täglich schütteln.

» Diesen Ansatz lassen wir 3 Wochen lang stehen.

» Dann filtern, in kleinere Fläschchen abfüllen und etikettieren.

Bei Bedarf ein Stamperl trinken. Wirkt bei meinem Mann Wunder.

Das Schnapserl hilft bei Verdauungsbeschwerden, aber auch bei Bauchkrämpfen und Blähungen.

Salbenthermophor

Es ist noch immer nicht so richtig warm. Bärlauch noch nicht da, Brennnesseln noch nicht da und selbst vom Giersch gibt es keine Spur.

Da habe ich mich entschlossen: Heute mache ich eine Salbe und weil es noch nicht warm ist und meine Füße kalt sind, wird es ein Salbenthermophor.

Zutaten:

- 100 ml Öl
- ½ Apfel gerieben
- 1 EL geriebener Ingwer
- 1 TL Zimt
- 10 g Bienenwachs

Zubereitung:

» Alle Zutaten gemeinsam mit dem Öl erwärmen und bei ca. 80 °C gut 1 Stunde ziehen lassen.

» Abseihen und abfüllen.

Am besten wirkt die Salbe, wenn man die Füße damit liebevoll massiert.

Hustentee 2

Da Anis auch bei Husten sehr gute Dienste leistet, habe ich gleich einen Hustentee 2 gemischt. Dieser Tee wirkt auswurffördernd und lindert den Husten.

Zutaten:

- Eibischblüten und -blätter, Spitzwegerich, Süßholz, Königskerzenblüten, Quendel und Anis

Anwendung:

» Diesen Tee bei Husten mit Honig gesüßt trinken. 3 Mal täglich eine Schale.

Tee „Ich warte auf den Frühling"

Zutaten:

- Melisse, Minze, Johanniskraut, Malve, Brennnessel, Kamille, Ringelblumenblüten

Zubereitung:

» Tee im Heißaufguss zubereiten. 7 bis 10 Minuten ziehen lassen.

Tee „Frühlingszauber"

Eine Teemischung, die gerade zu dieser Jahreszeit guttut: „Frühlingszauber". Ein ganz besonderer Tee, dient er doch gerade im Frühling zur Entschlackung und wir können ihn uns ganz leicht selbst zusammenstellen.

Zutaten:

- Löwenzahnblätter, Gänseblümchen, junge Brennnesseln, Veilchen oder auch Ackerstiefmütterchen.
- Vielleicht haben wir auch noch einige Gartenkräuter, welche hier gut dazupassen: Melisse, Zitronenverbene, Minze oder Ysop. Wenn wir fleißig Kräuter gesammelt haben, trocknen wir sie sanft und liebevoll, füllen sie in ein hübsches Glas und jetzt, wo es noch nicht so viel Frisches gibt, können wir auf unsere Schätze zurückgreifen.

Zubereitung:

» Für eine Tasse Tee oder wie ich immer sage, für ein *Häferl*, nehmen wir, was in 3 Fingern Platz hat.

» Übergießen es mit 250 ml kochendem Wasser und trinken bis zu 3 Tassen täglich.

Wir wissen, jeweils nach 3 Wochen wechseln wir die Zusammenstellung der Kräuter, denn dieser Zeitraum reicht für eine Kuranwendung.

Steirisches Wurzelfleisch mit Salzkartoffeln

Zu dieser Zeit ist es auch immer gut, wenn man einiges im Sommer konserviert, eingefroren oder getrocknet hat. Man kann dann auch in dieser Jahreszeit aus dem Vollen schöpfen.

Zutaten:

- 1 kg Schweinsschulter
- 600 g Karotten (Möhren)
- ½ Knolle Zeller (Sellerie)
- Suppengrün
- 1 Lorbeerblatt
- 3 Wacholderbeeren
- 8 Pfefferkörner
- Salz
- ein Schuss Apfelessig
- 2 Knoblauchzehen
- 1 TL Majoran
- Als Beilage: Salzkartoffeln, frischer Kren (Meerrettich)

Zubereitung:

» Einen großen Topf mit Wasser zum Kochen bringen. Das vorbereitete Suppengrün, das Fleisch und die Gewürze einlegen. 90 Minuten auf kleiner Flamme köcheln lassen.

» In der Zwischenzeit die Karotten und den Zeller waschen, schälen und in feine Stifte schneiden. In einen Topf geben und mit einem Teil der abgeseihten Suppe übergießen. 12 Minuten köcheln lassen.

» Die Kartoffeln für die Beilage schälen, in gefällige Stücke schneiden und in Salzwasser 12 Minuten kochen. Den Kren schälen und reißen.

» Das Fleisch in Scheiben schneiden und alles in tiefen Tellern zusammen mit dem Gemüse, den Kartoffeln, etwas Kren und Gemüsesud anrichten.

Schweinslungenbraten in Erdäpfelpufferkruste

Schmeckt urgut und die ganze Familie freut sich, wenn's so ein Mittagessen gibt.

Zutaten:

- 12 Stück Schweinslungenbraten, in Taler geschnitten
- 5 sehr große Kartoffeln
- 1 Ei
- 3 EL Kartoffelstärke
- 1 KL Knoblauchpaste
- Salz, Pfeffer

Zubereitung:

» Die Schweinslungenbratentaler beidseitig würzen.

» Kartoffeln schälen und durch die Reibscheibe der Küchenmaschine laufen lassen. Mit kaltem Wasser bedeckt 30 Minuten stehen lassen. Danach ausdrücken, das Wasser wegschütten, eventuelle Stärkerückstände verwenden.

» Das Ei und die Kartoffelstärke zufügen, salzen und Knoblauchpaste untermischen.

» Zum Ausbacken Fett erhitzen, die gewürzten Fleischstücke in Stärke wenden und mit den geriebenen Kartoffeln umhüllen.

» Auf beiden Seiten goldgelb backen. Auf Küchenrolle abtropfen lassen und mit Chinakohlsalat servieren.

Fleischbällchen am Spieß

Zutaten:

- 500 g gemischtes Faschiertes
- 1 kleine, fein gehackte Zwiebel
- Petersilie
- 2 Eier
- 2 EL Brösel
- Salz und Pfeffer
- Spieße
- Brösel und Brennnesselsamen zum Panieren

Zubereitung:

» Das Faschierte mit den übrigen Zutaten vermischen und mit nassen Händen kleine Bällchen formen.

» In Bröseln, die mit Brennnesselsamen vermischt wurden, wälzen und im heißen Fett ausbacken. Auf Küchenrolle abtropfen lassen.

» Mit Gemüsestückchen oder Oliven bzw. Weintrauben belegen und aufspießen.

Schnecken am Stecken

Zutaten:

- 2 Pkg. Pizzateig
- Tomatensoße
- 200 g Salami
- 200 g Mozzarella, in Scheiben geschnitten
- Oregano
- Basilikum
- 1 Ei zum Bestreichen
- Spieße

Zubereitung:

» Pizzateig ausrollen und mit der Paradeissoße bestreichen. Am oberen Rand ca. 2 cm freilassen.

» Salami und Mozzarella auf die Paradeissoße legen, mit Oregano bestreuen. Einige Basilikumblättchen darauflegen.

» Nun vorsichtig einrollen und in ca. 2,5 cm breite Scheiben schneiden. An die Nahtstelle den Holzspieß stecken.

» Auf ein mit Backpapier belegtes Blech legen und bei 200 °C ca. 15 Minuten goldbraun backen.

Schnecken am Stecken

Wildkräuterblinis mit Rotem-Zwiebel-Confit

Erdäpfelkas

Wildkräuterblinis mit Rotem-Zwiebel-Confit

Zutaten:

- 150 g Mehl
- 1 TL Backpulver
- Salz
- 2 Eier
- 7 EL Milch
- 2 EL Kräuter
- Öl

Für das Confit:

- 4 EL Zucker
- 2 EL Wasser
- 2 EL Himbeeressig
- 2 rote Zwiebeln
- Salz und Pfeffer

Zubereitung:

» Öl in einer Pfanne erhitzen. Mit einem Löffel den Teig protionsweise hineingeben und auf beiden Seiten goldbraun ausbacken.

» Während unsere Minipuffer auskühlen, bereiten wir das Confit zu.

» Zwiebel fein hobeln, Zucker und Wasser in einem Topf verrühren und zum Kochen bringen. Leicht karamellisieren lassen, mit Essig aufgießen und die Zwiebelringe einrühren. 5 Minuten köcheln lassen, abschmecken.

» Etwas überkühlen lassen. Auf jedes Blini 1 TL Crème fraîche geben und etwas vom Confit.

Erdäpfelkas

… und wenn dann Erdäpfel übrig bleiben, gibt es den herrlichen Erdäpfelkas. Ein Superrezept, schnell gemacht, schmeckt toll und kostet fast nichts.

Zutaten:

- Erdäpfel (der Rest ist vom Wurzelfleisch)
- Sauerrahm oder Joghurt, was grad da ist
- 1 kleine Zwiebel, fein gehackt
- 1 TL Knoblauchpaste
- Kräutersalz

Zubereitung:

» Erdäpfel mit der Gabel zerdrücken. Übrige Zutaten dazugeben und mit dem Stabmixer kräftig durchmixen.

Grüne Palatschinken pikant gefüllt

Zutaten Palatschinkenteig:

- 2 Eier
- 250 ml Milch
- Mehl
- Petersilie oder Giersch bzw. Bärlauch
- Salz, Pfeffer
- Öl zum Ausbacken

Zutaten Füllung:

- 100 g Sauerrahm
- 10 Scheiben Schinken
- 1 rote Zwiebel
- 10 Stück Radieschen
- ca. 2 Handvoll Eisbergsalat, klein geschnitten

Zubereitung:

» Kräuter und Milch pürieren, mit den Eiern, Mehl, Pfeffer und Salz verquirlen. In einer Pfanne etwas Öl erhitzen und dünne Palatschinken ausbacken. Etwas auskühlen lassen.

» Nun die Palatschinken mit Sauerrahm bestreichen und mit den restlichen Zutaten (Schinken, dünn gehobelten Radieschen, dem Eisbergsalat, Zwiebel) belegen und zu Rollen formen. Mit einem scharfen Messer schräg halbieren bzw. dritteln. Mit Sauerrahm und Radieschen garnieren.

Grüne Palatschinken pikant gefüllt

Topfenblätterteigtascherl mit Kräuter-Speckfülle

Forellenquadratln

Topfenblätterteig-tascherl mit Kräuter-Speckfülle

Zutaten Teig:

- 250 g Mehl
- 200 g Topfen
- 200 g Butter
- Salz

Zutaten Speckfülle:

- 200 g Speck, durchzogen
- 2 Zwiebeln
- Kräuter nach Wahl

Zubereitung:

» Topfenblätterteig zubereiten und 3–4 Stunden ruhen lassen.

» Für die Speckfülle den kleinwürfelig geschnittenen Speck glasig anschwitzen, die klein geschnittenen Zwiebeln dazugeben und einige Minuten unterrühren, mitdünsten. Auskühlen lassen.

» Den Topfenblätterteig ausrollen, in Quadrate schneiden. Jeweils in die Mitte einen Kaffeelöffel der Speckfülle setzen, die Ränder zusammendrücken, eventuell mit einer Gabel nachhelfen, mit Ei bestreichen und bei 180 °C goldgelb backen.

Forellenquadratln

Zutaten:

- 200 g geräucherte Forelle, in kleine Würferl geschnitten
- 100 g Oberskren
- 100 g Sauerrahm
- Schnittlauch, in Röllchen geschnitten
- ½ Apfel, kleinwürfelig geschnitten
- Salz, Cayennepfeffer
- etwas Kren und Schnittlauch zum Garnieren
- Pumpernickel (jede Scheibe in 9 Stück schneiden)

Zubereitung:

» Forelle, Oberskren, Sauerrahm, Schnittlauch und Apfelstückchen miteinander vermischen (kann man auch in der Küchenmaschine machen). Salzen und mit Cayennepfeffer abschmecken.

» Die Pumpernickelscheiben in Quadratln schneiden und jedes Quadratl mit 1 Esslöffel der Forellenmasse besetzen. Mit Kren und Schnittlauch garnieren.

Frühlingskräuterquiche

Bei meinem heutigen Spaziergang habe ich auch schon einiges an Grün entdeckt: Vogelmiere, kleine Blättchen von Schafgarbe, etwas Gundelrebe und Giersch. Ja und da musste gleich etwas Leckeres gebacken werden. Meine Frühlingskräuterquiche bietet sich dafür an:

Zutaten Teig:

- 125 g Dinkelmehl glatt
- ½ Pkg. Backpulver
- 1 Prise Salz
- 4 EL kaltes Wasser
- 60 g Butter

Zutaten Fülle:

- 600 g Karotten

Zutaten Guss:

- 175 g Sauerrahm
- 100 ml Milch
- 3 Eier
- 2 Handvoll Kräuter (was es gerade gibt), klein gehackt

Zum Würzen:

- Pfeffer
- Muskatnuss
- Kräutersalz
- 50 g Gouda gerieben, zum Bestreuen

Zubereitung:

» Den Teig lassen wir dann ½ Stunde im Kühlschrank rasten.

» In der Zwischenzeit die Karotten in Salzwasser 10 Minuten kochen lassen. Vorsichtig aus dem Wasser nehmen. Bei Bedarf halbieren.

» Den Teig aus dem Kühlschrank nehmen und erst etwas ausrollen, dann in eine gebutterte Form drücken. Mit einer Gabel anstechen.

» Die Karotten darauf verteilen und den geriebenen Käse darüberstreuen.

» Dann den Guss, wir haben die Zutaten mit den fein gehackten Kräutern verquirlt und darübergegossen. Im vorgeheizten Backrohr bei 200 °C ca. 45 Minuten backen.

» Dazu passen eine feurige Soße und Salat.

Rote-Rüben-Brot mit Knack

Zutaten:

- 400 g Rote Rüben gekocht (Rote Bete)
- 200 ml Holunder-Apfelsaft
- ½ Würfel Germ (Hefe)
- 1 TL Zucker
- 100 g Nüsse (Knack)
- 300 g glattes Mehl
- 300 g Roggenmehl
- 1 EL Salz
- 2 EL Öl

Zubereitung:

» Die gekochten Roten Rüben pürieren. Den Saft, alternativ kann auch Roter-Rüben-Saft verwendet werden, erwärmen.

» Germ und Zucker in dem lauwarmen Saft auflösen. Die Nusse grob hacken. Die beiden Mehlsorten mischen und das Salz dazugeben (Rote-Rüben-Salz). Vom Salz nehmen wir 1 Esslöffel voll.

» Nun das Rote-Rüben-Püree, die Saft-Germ-Mischung, die Nüsse sowie das Öl zum Mehl in die Schüssel geben.

» Mit dem Knethaken der Küchenmaschine zu einem glatten Teig kneten. Zugedeckt 45 Minuten rasten lassen. Das Backrohr auf 250 °C vorheizen.

» Den Teig auf bemehlter Fläche kurz durchkneten, formen und in ein Gärkörbchen geben.

» Nochmals 30 Minuten ruhen lassen. Den Teig aus dem Gärkörbchen vorsichtig auf ein Blech stürzen und unter Dampf 15 Minuten backen, dann auf 220 °C runterdrehen, Dampf ablassen und weitere 20 Minuten backen. Erkaltet aufschneiden.

Roter Rübenaufstrich auf Baguette

Zutaten:

- 1 Rote Rübe
- 1 Apfel
- 1 EL Senf
- 1 EL Kren
- 100 g Frischkäse
- Schnittlauch oder Giersch
- Salz und Pfeffer

Zubereitung:

» Rote Rüben pürieren, Apfel raspeln oder klein hacken, Kräuter klein schneiden und alles zusammen abrühren.

» Kräftig abschmecken. Mit Baguettescheiben servieren.

Erdäpfelkekse mit Vogelmierencreme

Zutaten Kekse:

- 100 g gekochte, passierte Erdäpfel
- 100 g griffiges Mehl
- 50 g Butter
- Salz
- 1 Ei zum Bestreichen

Zutaten Creme:

- 1 Pkg. Topfen
- ⅛ l Schlagobers
- Vogelmiere
- Salz
- Pfeffer
- Knoblauch
- ev. Blüten oder Gemüsestückchen zum Verzieren

Zubereitung Kekse:

» Passierte Erdäpfel mit Mehl, Butter und Salz zu einem Teig verkneten. In Folie gewickelt kurz rasten lassen.

» Auswalken und kleine Blüten ausstechen. Mit versprudelten Ei bestreichen und bei 220 °C ca. 12 Minuten backen.

Zubereitung Creme:

» Die Vogelmiere anmixen, Schlagobers dazugeben, weitermixen, dann den Topfen und Gewürze unterrühren. In einen Spritzsack füllen und auf die Kekse dressieren.

» Mit Blüten oder Gemüsestückchen bzw. Kräutern aufputzen.

Schoko-Brennnesselsamen-Nuss-Trauben

Zutaten:

- 24 größere Traubenfrüchte, kernlos
- 100 g weiße oder dunkle Kuvertüre
- 100 g gehackte Walnüsse
- 2 EL Brennnesselsamen, geröstet
- 24 Spießerl oder Zahnstocher aus Holz

Zubereitung:

» Kuvertüre im Wasserbad schmelzen. Die Trauben einzeln aufspießen, bis zur Hälfte in die geschmolzene Kuvertüre tunken und in der Nuss-Brennnesselsamen-Mischung wälzen.

» Auf einem Teller hübsch anrichten.

Erdäpfelkekse mit Vogelmierencreme

Schoko-Brennnesselsamen-Nuss-Trauben

Schwedenbittercreme

Ja und weil ich beim Rühren bin, kommt jetzt noch eine Schwedenbittercreme dran.

Zutaten

- 30 ml Bio-Olivenöl
- 30 ml Schwedenbitteransatz
- 4 g Bienenwachs
- 15 g Lanolin
- 10 Tropfen äth. Teebaumöl, alternativ Wacholderöl

Zubereitung:

» Da wir hier eine Flüssigphase und eine Fettphase haben, ist die Zubereitung ein bisschen anders.

» Wir geben das Öl und die festen Fette in ein Glas und stellen dieses in ein Wasserbad.

» Zeitgleich stellen wir auch den Ansatz ins Wasserbad.

» Nun rühren wir die Fettphase, bis alles schön geschmolzen ist. Danach können wir langsam, unter ständigem Rühren den Schwedenbitteransatz einrühren.

» Wir rühren, bis alles gut vermischt ist, und dann rühren wir weiter, bis unsere Creme eine schöne Konsistenz hat. Dann fügen wir das ätherische Öl zu.

» Nun in ein sauberes Glas füllen und beschriften.

März

Im März kann man es kaum mehr erwarten hinauszugehen, zu atmen, die Luft ist frisch, aber es liegt schon etwas Besonderes drin. Das erste Grün zeigt sich an vielen Stellen. Jetzt fängt für viele Wildkräuterbegeisterte die Arbeit an.

Jetzt, wo wieder viele Kräuter herauskommen, macht man sich natürlich Gedanken, was wofür gut ist. So denke ich bei Bärlauch, wie gut er unseren Gefäßen tut, beim Gänseblümchen an die darin enthaltenen Bitterstoffe und Flavonoide, die uns helfen, unseren Stoffwechsel wieder auf Vordermann zu bringen.

Dasselbe gilt auch für den Löwenzahn.

Die Schafgarbe, die so zart ist und doch mit ihren filigranen Blättchen bis in unsere entferntesten Nervenspitzen vordringt und unsere Helferin für alles ist, oder den Quendel, der bei Erkältungskrankheiten gute Dienste leistet.

Nicht zu vergessen wären da noch die Königskerze, die uns nach Erschöpfungszuständen wieder neue Kraft gibt und mit den in ihr enthaltenen Schleimstoffen unsere Organe schützt, die herrliche Melisse, die uns bei Depressionen und Schlafstörungen einfach guttut, und der Spitzwegerich, den sollte man nicht nur bei Husten verwenden.

Die Brennnessel liebe ich sehr und sie wird in vielen Rezepten immer wieder vorkommen.

Dinkel-Brennnesselstangerl

Zutaten:

- 200 g Dinkelmehl glatt
- 200 g Butter
- 200 g Hartkäse, gerieben
- 5 EL Wasser
- Salz
- 2 Handvoll Brennnesselblätter, fein gehackt
- Brennnesselsamen, Chiasamen, Sesam, Breitwegerichsamen zum Bestreuen

Zubereitung:

» Mürbteig zubereiten. 30 Minuten kühl rasten lassen.

» Teig auswalken und mit einem Pizzaradl Rauten radeln oder Stangerl.

» Mit Eiklar bestreichen, mit Samen bestreuen und bei 180 °C ca. 15 Minuten backen.

Becherknäcke mit Brennnesseln

Zutaten:

- 1,5 Becher Grieß
- 1,5 Becher Mehl
- 1 Becher warmes Wasser
- 1 TL Brennnesselsalz
- 0,3 Becher Öl
- 1 Ei
- 2 EL Brennnesselsamen
- 1 EL Sesam
- grobes Meersalz und Pfeffer

Zubereitung:

» Teig 5–7 Minuten mixen, dann in 4 Teile teilen. Mit Öl bestreichen und in Frischhaltefolie wickeln.

» 60 Minuten rasten lassen. Auf Backpapier dünn ausrollen, mit einer Gabel piksen, mit Ei bestreichen und mit Sesam und Brennnesselsamen bestreuen.

» Bei 220 °C ca. 15 Minuten backen. Entweder mit einem Pizzarad Sollbruchstellen anlegen oder in gefällige Stücke brechen.

Bärlauch-Kichererbsen-Aufstrich

Im März ist es ja so, dass sich auch die ersten Bärlauchspitzen zeigen und der erste Aufstrich ist immer der beste. Diesmal ist es ein Bärlauch-Kichererbsen-Aufstrich.

Zutaten:

- 1 kleine Dose Kichererbsen zu 130 g
- 7 Blätter Bärlauch
- 1 Frühlingszwiebel
- 1 EL Öl
- 1 Spritzer Zitronensaft
- Bärlauchsalz nach Geschmack

Zubereitung:

» Alles zusammen im Mixer vereinen. Abschmecken und genießen.

Bärlauchzeit – schöne Zeit.

Bärlauchaufstrich

Zutaten:

- 2 Pkg. Topfen
- 3 EL Sauerrahm
- Bärlauch nach Geschmack und Belieben
- 3 EL Öl
- Salz, Pfeffer
- Chilipulver

Zubereitung:

» Die halbe Menge des Bärlauchs mit dem Öl pürieren. Die zweite Hälfte fein schneiden. Topfen, Sauerrahm, Bärlauch gut vermengen. Salzen, ich habe Bärlauchsalz genommen, Pfeffer und etwas Chilipulver dazugeben. Alles gut vermischen.

Bärlauchsalz

Auch Bärlauchsalz gehört zu meinen Lieblingen. Die schönste Farbe hat es, wenn man es feucht macht, also mit frischen Blättern.

Zutaten:

- Bärlauchblätter
- Salz

Zubereitung:

» Dazu geben wir die gewaschenen, grob geschnittenen Blätter in die Küchenmaschine und mixen kurz durch. Dann mit Salz mischen. Vom Verhältnis gebe ich so viel Salz dazu, dass mir die Farbe gefällt.

» Dann kommt die Mischung auf ein mit Backpapier belegtes Blech und einige Stunden bei 30–40 °C ins Backrohr. Die Backrohrtür mit Hilfe eines Kochlöffels einen Spalt breit offenlassen.

Bärlauchpaste

Zur Vorratshaltung wird eine Bärlauchpaste gemacht. So hat man, wenn die Bärlauchzeit vorbei ist, auch noch etwas von dem tollen Kraut.

Zutaten:

- 250 g Bärlauch
- 150 ml Öl
- 30 g Salz

Zubereitung:

» Den Bärlauch waschen, trocken schleudern und klein schneiden. Dann mit 100 ml des Öls zu einer cremigen Paste mixen. Zuletzt das Salz dazumixen. In kleine Gläser füllen und mit dem restlichen Öl bedecken.

Bärlauchessig

Er schmeckt ganz ausgezeichnet und ist kinderleicht herzustellen.

Zutaten:

- Bärlauchblätter
- Apfelessig

Zubereitung:

» Einige frische Bärlauchblätter in ein Gurkenglas oder eine weithalsige Flasche geben und mit Apfelessig (auf Bio-Qualität achten) übergießen.

» 2 Wochen stehen lassen, danach filtern.

Schon wieder haben wir etwas Besonderes, was gar nicht viel Aufwand war. Bärlauchessig nach Art des Hauses schmeckt besonders gut auf Gurkensalat oder auch auf Blattsalaten.

Bärlauchöl

Ein Bärlauchöl darf nicht fehlen.

Zutaten:

- 500 ml gutes Öl aus der Region
- 100 g klein geschnittener, frischer Bärlauch

Zubereitung:

» Saubere, ganz trockene Blätter in ein Glas geben und mit dem Öl übergießen. Mit einer Serviette oder Küchenrolle abdecken und 2 Wochen ziehen lassen.

» Danach abseihen.

Die Serviette dient dazu, dass eventuelle Feuchtigkeit aufgesaugt wird und unser wertvolles Geschenk der Natur nicht zu schimmeln beginnt.

Linsen mit Speck und Kräuter-Semmelknödeln

Jetzt mal was Deftiges.

Zutaten für 5 Knödel:

- 200 g Semmel- oder Brotwürfel
- etwas Knoblauch gepresst
- 1 EL Butter
- 1 Zwiebel fein gehackt
- 100 ml Milch
- 1 Ei
- etwas Salz
- 3 EL Mehl
- Kräuter, was grad da ist. Ich habe Brennnessel, Bärlauch, Spitzwegerich, Gundelrebe und etwas Schafgarbe genommen.

Zubereitung:

» Die Semmelwürfel in eine Schüssel geben, den gepressten Knoblauch dazu. Butter in einer Pfanne erhitzen und die fein gehackte Zwiebel anschwitzen. Die Milch zufügen und zusammen über die Semmelwürfel gießen.

» 5–10 Minuten ziehen lassen. Die fein gehackten Kräuter zufügen, das Ei, Salz und das Mehl ebenso. Nun alles gut vermischen und mit feuchten Händen Knödel formen.

» In kochendem Salzwasser 10–12 Minuten ziehen lassen.

» Die Linsen mit Speck mache ich nach Großmutter-Art. Linsen einweichen, kochen oder eine Dose verwenden.

» Eine helle Einmach machen, mit Suppe aufgießen, die Linsen dazugeben.

» Eine kleine feingehackte Zwiebel und ein feingehacktes Gurkerl, sowie einen Schuss Essig zufügen.

» Den Speck separat knusprig braten.

» Linsen mit Speck anrichten und die Kräuterknödel dazu servieren.

Restlstrudel mit Kräutersoße

Ein Restlstrudel mit Kräutersoße, solche Speisen mache ich gerne und teile sie auch gerne mit euch.

Zutaten:

- Faschiertes (Wurstreste, Selchfleisch oder was grad da ist)
- 1 Zwiebel fein gehackt
- 3 Karotten klein gewürfelt
- 150 g grüne Erbsen
- Kräutersalz
- Pfeffer, Majoran, Petersilie
- Paradeismark
- 1 EL Schmalz
- 1 Rolle Blätterteig

Wir beachten aber: Nur nehmen, was wir auch sicher bestimmen können.

Zubereitung:

» Faschiertes und die Zwiebel im Schmalz kurz anbraten. Die Erbsen und Karotten kurz in Salzwasser kochen, abseihen und alle Zutaten miteinander vermengen.

» Ausgekühlt auf dem ausgerollten Blätterteig verteilen. Einrollen, mit Milch bepinseln und bei 200 °C 15–20 Minuten backen.

» Für die **Kräutersoße** habe ich 1 Becher Sauerrahm, etwas Mayonnaise, viele fein gehackte Kräuter und Salz verwendet. Bei den Kräutern nehme ich, was halt gerade wächst.

Es geht ganz schnell und ist soooo gut.

Omas Lieblingsbrot

Brotbacken ist manchmal wie eine Sucht. Da fängt man an und probiert, macht noch eines und noch eines, aber eines stellt sich dann als absolutes Lieblingsbrot heraus, das man immer wieder macht.

Zutaten:

- 300 g Weizenmehl
- 100 g Roggenmehl
- 8 g Kräutersalz
- 11 g Germ
- 350 ml Wasser

Zubereitung:

» Das Salz im lauwarmen Wasser auflösen, dann die Germ dazugeben. Mit den übrigen Zutaten vermischen. In der Küchenmaschine bei mittlerer Geschwindigkeit 5 Minuten kneten.

» Zugedeckt 30 Minuten gehen lassen. Nun sollte sich der Teig verdoppelt haben.

» Das Rohr samt einem Brottopf mit Deckel auf 220 °C vorheizen.

» Den Teig aus der Rührschüssel nehmen und nachdem er einige Male gefaltet wurde, zu einer Kugel formen. Die Kugel in ein mit Mehl bestaubtes Simperl geben und zugedeckt nochmals für 20 Minuten gehen lassen. Inzwischen hat der Herd die nötige Temperatur erreicht und wir können den Brotteig einlegen. Den heißen Topf herausnehmen, Deckel entfernen, das Teigstück hineingeben, Deckel darauf und in das Backrohr schieben.

» Nach 30 Minuten den Deckel entfernen und weitere 15 Minuten backen. Nun ist es auch schon fertig. Sicherheitshalber den Klopftest machen. Klingt es hohl, ist das Brot fertig.

Grüne Weckerl

Ich liebe grüne Weckerl. Mit Kräutern, ihren Farben und ihrem Geschmack zu spielen – einfach grenzgenial.

Zutaten:

- 500 g glattes Mehl
- 1 Pkg. Backpulver
- 1 TL Kräutersalz
- 100 g Butter
- 250 ml Milch oder Buttermilch
- 2 Handvoll Kräuter (was da ist, was uns schmeckt, wonach uns gerade ist). Wichtig ist, wir müssen sie erkennen.

Zubereitung:

» Mehl, Salz, Backpulver vermischen und mit der kalten Butter verbröseln. Die Kräuter fein schneiden und mit der Milch pürieren. Mit den übrigen Zutaten zu einem Teig kneten.

» Aus diesem Teig 20 Kugerl formen, mit einem scharfen Messer an der Oberfläche einschneiden.

» Im vorgeheizten Backrohr bei 220 °C ca. 25 Minuten backen.

Pizzabällchen

Auch so kleine Happen, die man immer und überall anbieten kann.

Zutaten:

- 300 g glattes Mehl
- 250 g Topfen
- 1 Pkg. Backpulver
- 8 EL Milch
- 6 EL Öl
- 1 TL Kräutersalz
- 3 zerdrückte Knoblauchzehen
- 200 g geriebener Käse
- 100 g Salami, gewürfelt
- 1 grüner Paprika, klein geschnitten
- etwas Oregano

Zubereitung:

» Mehl, Topfen, Milch, Öl und Salz verkneten. Die übrigen Zutaten einarbeiten und kleine Kugerl aus der Masse formen. Auf ein mit Backpapier belegtes Blech legen und bei 180 °C im vorgeheizten Backrohr 35 Minuten backen.

» Mit Knoblauchsoße und grünem Salat servieren.

Quinoa-Laberl

Zutaten:

- 1 Becher Quinoa
- 2 Becher klare Gemüsesuppe
- 1 EL Öl
- 1 rote Zwiebel
- 1 Zucchini
- 1 Karotte
- 1 gelbe Karotte
- 2 Eier
- Haferflocken
- geriebener Käse
- Knoblauch
- Salz, Pfeffer
- eventuell Brösel, wenn die Masse zu feucht ist
- Als Kräuter kann man Vogelmiere, Giersch oder Brennnesseln fein gehackt zufügen

Zubereitung:

» Quinoa waschen und in der Gemüsesuppe aufkochen, ca. 15 Minuten auf kleiner Flamme köcheln lassen.

» Wenn die Flüssigkeit verbraucht ist, vom Herd nehmen und auskühlen lassen.

» Das Öl in der Pfanne erhitzen und das klein geschnittene Gemüse glasig rösten. Ausgekühlt mit dem Quinoa vermischen. Gut würzen.

» Laberl formen und im heißen Fett oder auch im Backrohr am Blech ausbacken.

Vogelmieren-Minimuffins

Ein ganz tolles Rezept, das ich immer wieder gerne mache und auch schon etliche Male mit Kursteilnehmern gebacken habe. Ich liebe die Vogelmiere, sowohl in der Volksheilkunde als auch in der Kulinarik.

Zutaten für 40–48 Stück:

- 1 schöner Bund Vogelmiere, gewaschen und klein geschnitten
- 200 g glattes Mehl
- 1 Pkg. Backpulver
- 80 g weiche Butter
- 100 g geriebener Käse (was grad da ist)
- 1 Zwiebel fein gehackt
- 2 Eier
- 2 EL Joghurt oder Sauerrahm (auch hier nehme ich, was noch im Kühlschrank ist)
- 200 ml Milch
- Kräutersalz
- etwas Öl

Zubereitung:

» Die fein gehackte Zwiebel in etwas Öl anschwitzen. Die klein geschnittene Vogelmiere zufügen und zusammen mit der Milch pürieren. Nun das Püree in die Küchenmaschine geben, alle übrigen Zutaten zufügen und kräftig durchrühren.

» In Minimuffinsförmchen füllen und im vorgeheizten Backrohr bei 180 °C ca. 17 Minuten backen. Die Masse reicht für 40–48 Stück.

Karottenkuchen

Zutaten:

- 120 g weiche Butter
- 100 g Staubzucker
- 2 Eier
- 250 g geriebene Karotten
- 120 g glattes Mehl
- 80 g geriebene Nüsse
- 1 TL Backpulver
- ½ TL Natron

Zubereitung:

» Butter und Zucker schaumig rühren, Eier nach und nach dazumengen, die geriebenen Karotten einrühren, dann das mit Backpulver vermischte Mehl und zum Schluss die Nüsse mit dem Natron. Im vorgeheizten Backrohr bei 180 °C ca. 40 Minuten backen.

» Erkaltet mit Zitronenglasur (wer mag, kann auch Schoko oder Rum nehmen) verzieren.

» Für die Glasur habe ich 100 g Staubzucker mit 2–3 EL Zitronensaft verrührt.

Selbst gemachte Schokolade mit Lindenknospen

Vorweg, ich habe noch nie so gute Schokolade gegessen.

Zutaten:

- 120 g Kakaobutter
- 80 g Kakaopulver (weil ich auch da zu wenig hatte, habe ich mit Benco gestreckt)
- 2 TL Kokosöl
- 4 EL Honig (alternativ Zucker)

Zubereitung:

» Kakaobutter sanft schmelzen, dann das Kokosöl zufügen, das Kakaopulver einrühren. Zuletzt den Honig. Dann einige Lindenknospen dazugeben. Die Masse auf Backpapier leeren und mit einem zweiten Bogen bedecken. Nun möglichst dünn auswalken und kühl stellen.

» Nach dem Erstarren in gefällige Stücke brechen oder vorher in Silikonförmchen füllen.

Brombeerknödel „Die heilige 7"

Brombeeren in der Tiefkühltruhe sind bei mir immer vorhanden, gehen sie mir mal aus, hilft meine Schwester aus. So gibt es auch zu dieser Zeit die köstlichen Brombeerknödel. Die heilige 7 ist mir eingefallen, da alle Zutaten, außer dem Topfen, die Zahl 7 enthalten.

Zutaten:

- 70 g Butter
- 70 g glattes Mehl
- 70 g Grieß
- 1 Ei
- 250 g Topfen
- etwas Salz
- Brombeeren für die Fülle

Und zum Wälzen:

- 70 g Butter
- 70 g Brösel (Paniermehl)
- 2 EL Zucker

Zubereitung:

» Die Butter schaumig rühren, Topfen und Ei hinzufügen. Nun heben wir Mehl, Grieß und eine Prise Salz unter. Aus der Masse eine Rolle formen, in Folie wickeln und für 1 Stunde in den Kühlschrank geben.

» Danach auf einem mit Mehl bestaubten Brett von der Rolle Scheiben schneiden. Bei mir wurden es 14 Stück. Auf jede Scheibe 2–3 Brombeeren legen und verschließen. In der Zwischenzeit in einem größeren Topf Wasser erhitzen und etwas Salz zufügen. Nun die Knödel einlegen, sie dürfen nur ziehen und nicht kochen, und das für 20 Minuten.

» In der Zwischenzeit die Bröselmasse vorbereiten. Butter schmelzen, Brösel zufügen, wer mag, auch den Zucker zufügen. Etwas durchrösten.

» Die Knödel mit einem Lochschöpfer rausnehmen und vorsichtig in den Bröseln wälzen. Mit Staubzucker bestreut servieren.

100-Krankheiten-Heiler-Rotwein

Habt ihr vielleicht schon einmal über die Kraft des Knoblauchs nachgedacht? Diese Wunderknolle ist ja vielseitig verwendbar. So habe ich dann den 100 Krankheiten-Heiler-Rotwein ausprobiert.

Zutaten:

- 12 Knoblauchzehen
- 500 ml Rotwein

Zubereitung:

» Die Knoblauchzehen werden geviertelt, in ein Gurkenglas gegeben und mit dem Rotwein aufgefüllt. Nun lassen wir das Glas 2 Wochen lang in unserer Nähe stehen. Warum in der Nähe? Damit wir nicht vergessen, es täglich zu schütteln. Danach wird abgeseiht und der Heiler in eine dunkle Flasche gefüllt.

Anwendung:

» 2 Mal täglich 1 Esslöffel dieses Elixiers zu sich nehmen. Gerade in Grippezeiten bietet sich dieses Elixier regelrecht an.

Wirkung

Die Wirkung ist aber auch sonst vielfältig. Wirkt blutreinigend, senkt den Cholesterinspiegel, beugt Infektionen vor, stärkt das Immunsystem, verbessert die Herz-Kreislaufleistung, regt die Fettverbrennung an und noch vieles mehr.

Wie immer denken wir daran, dass eine Kur 3 Wochen dauert und wir dann wieder auf ein anderes Hilfsmittel zugreifen.

Ingwersirup

Ingwersirup darf bei mir auch nie fehlen. Sei es mit Brennnesseln gemischt oder wie hier solo. Ich mag ihn ja am liebsten im Tee. Ein Kräutertee, dazu ein Schuss Ingwersirup, ja das schmeckt.

Zutaten:

- 200 g Ingwer
- 500 ml Wasser
- 300 g Rohrzucker
- Saft einer Zitrone

Zubereitung:

» Ingwer schälen und in Scheiben schneiden, mit Wasser zustellen und 30 Minuten köcheln lassen. Abseihen, den Rohrzucker und den Saft der Zitrone zufügen. Wieder auf den Herd stellen und so lange köcheln, bis eine sirupähnliche Substanz erreicht ist. Heiß in kleine Flaschen füllen.

Desinfektionsmittel

Manchmal möchte man auch ein Desinfektionsmittel selber machen. Es ist einfacher als gedacht.

Zutaten:

- 125 ml Alkohol 96 %
- 50 ml abgekochtes Wasser
- 10 ml *Öl für alle Fälle** und ätherische Öle:
- 10 Tropfen Teebaumöl
- 10 Tropfen Latschenkiefer
- 5 Tropfen Thymian
- 5 Tropfen Lavendel

*Das „Öl für alle Fälle" ist ein Öl, das ich mit den Blüten eines Jahres vereint habe.

April

Das Gänseblümchen war 2017 Heilpflanze des Jahres. Da habe ich mich entschlossen, jetzt, wo sie in Massen auf der Wiese zu bewundern sind, den Menschen bei meinen Führungen und auch Kochkursen das Gänseblümchen näher zu bringen.

Alle kennen es und darum fällt auch die Bestimmung leicht. Was es aber kann, möchte ich euch hier zeigen.

Schon kleine Kinder kennen das Gänseblümchen. Der wissenschaftliche Name Bellis perennis leitet sich von Bellis (lat.) hübsch, schön und perennis für ausdauernd, mehrjährig ab.

Der Geschmack der Blätter erinnert ein bisschen an Feldsalat. Man sollte sich täglich in der Früh ein Gänseblümchen gönnen. Das ist gut für die Atemwege und befreit. Auch bei Leberleiden und zur Anregung des Stoffwechsels wird es verwendet. Äußerlich bei Hautproblemen und zur Wundbehandlung. Bei manchen Menschen ist eine Körperseite oft stärker oder man tut sich leichter mit links, so ist es auch bei Pflanzen. Das Gänseblümchen wird der rechten Körperseite zugesprochen.

Es ist reich an Kalium, Magnesium, Kalzium, Eisen, Vitamin C, Gerbstoffen, Saponinen, Bitterstoffen, Schleimstoffen und ätherischen Ölen.

Es regt den Stoffwechsel an, wirkt leicht abführend, ist schleimlösend, entschlackend, reinigt unser Blut und wirkt auch schmerzstillend.

Jetzt zum Praktischen: Was kann ich damit tun, wie kann ich es verwenden?

Gänseblümchen-gelee

Zutaten:

- 1 Handvoll Gänseblümchenblüten
- 1 l Apfelsaft
- 2 Bio-Zitronen
- 700 g Gelierzucker 1:1
- 1 Pkg. Quittin 1:1
- 1 Tonkabohne

Zubereitung:

» Die Gänseblümchenblüten mit dem Apfelsaft übergießen, die Tonkabohne dazugeben und über Nacht ausziehen lassen.

» Am Morgen abseihen, den Saft der ausgepressten Zitronen dazugeben und auch das Quittin sowie den Gelierzucker. Aufkochen und 5 Minuten sprudelnd kochen lassen.

» In saubere Gläser füllen, verschließen. Beschriften und immer wieder genießen.

Gänseblümchen-honig

Zutaten:

- 1 Handvoll Gänseblümchenblüten
- 500 g Honig

Zubereitung:

» Die Gänseblümchenblüten mit einem Glas Honig aus der Region übergießen. Zuschrauben, öfters wenden. 4 Wochen stehen lassen.

» Dann kann man filtern, aber die Blüten können auch drinnen bleiben und zusammen mit dem Honig vernascht werden.

Anwendung:

» Bei Grippe im Anzug oder Erkältung 3 Mal täglich 1 Teelöfferl nehmen. Stärkt auch unser Immunsystem.

Passt zu Salat, aufs Butterbrot aber auch zu Käse oder Gemüse.

Gänseblümchen-salz

Zutaten:

- 2 Handvoll Gänseblümchen (Blütenköpfe oder Knospen)
- 150 g Meersalz unjodiert
- 1 Chilischote
- ½ TL Pfeffer

Zubereitung:

» Gänseblümchen hacken und mit dem Salz vermischen. In ein Schraubglas füllen und 4 Tage im Kühlschrank rasten lassen (manchmal schütteln).

» Nach 4 Tagen im Backrohr bei niedriger Temperatur (50 °C) trocknen lassen. Dauert ungefähr 3–4 Stunden. Dann zusammen mit der Chilischote und dem Pfeffer in der Moulinette mahlen.

Gänseblümchen-tinktur

Zutaten:

- 1 Handvoll Gänseblümchenblüten
- 300 ml Alkohol (Korn, Wodka)

Zubereitung:

» Gänseblümchenblüten in ein Glas geben und mit Alkohol übergießen. Die Blütenköpfchen sollen bedeckt sein und 4–6 Wochen am Fensterbrett stehen lassen.

» Täglich schütteln. Nach der abgelaufenen Zeit filtern und in dunkle Fläschchen füllen, beschriften.

Anwendung:

» Wir verwenden diese Tinktur innerlich und auch äußerlich.

» 3 Mal täglich 1 Teelöffel im Tee tut gut bei Erkältung, aber auch bei rheumatischen Beschwerden, Gicht und Arthrose.

» Äußerlich, mit etwas Wasser verdünnt, verwenden wir es für Umschläge, aber auch für Einreibungen bei Schmerzen.

Tinkturen haben den Vorteil, dass sie sehr lange haltbar sind und darum immer zur Hand, wenn man sie braucht.

Die Verwendungsmöglichkeiten des Gänseblümchens sind vielseitig. Außer den hier angeführten Rezepten könnte man noch *Gänseblümchen in Rotwein, Gänsenblümchenkapern, Gänseblümchenöl, Gänseblümchensalbe*, Seife, Badepralinen, Gesichtswasser produzieren. Und nicht zu vergessen, auch kulinarisch gibt es viel her: *Gänseblümchen-Grissinis, Wildkräutersalat mit Gänseblümchen, Gänseblümchensirup, Gänseblümchenzucker, Gänseblümchenweckerl.* Wir können Essig damit ansetzen und einen Aufstrich machen, ja und, und, und ...

Ein kleines, ausdauerndes Pflänzchen, jeder kennt es, fast das ganze Jahr steht es uns zur Verfügung, jetzt solltet ihr euch ans Probieren machen. Glaubt mir, es lohnt sich.

Die Bärlauchzeit muss ja genützt werde
und so gibt es wieder Bärlauchrezepte.

Bärlauchzupfbrot

Zutaten Tortenform ø 26 cm:

- 800 g glattes Mehl
- 1 Würfel Germ = 42 g
- 400 ml lauwarmes Wasser
- 2 TL Bärlauchsalz
- 1 TL Zucker
- 2 EL Schmalz
- Öl für die Form

Pesto:

- Bärlauch
- Olivenöl
- Salz, Pfeffer

Zubereitung Pesto:

» Für das Pesto den Bärlauch waschen und trocknen. Anschließend in grobe Stücke schneiden. Bärlauch mit dem Stabmixer zerkleinern. Nach und nach das Olivenöl hinzufügen und weitermixen, bis eine cremige Masse entsteht. Abschließend mit Salz und Pfeffer abschmecken.

Zubereitung Zupfbrot:

» Germ in das lauwarme Wasser einrühren. Mehl, Salz, Schmalz, Zucker und die Wasser-Germ-Mischung vermengen und zu einem glatten Teig verarbeiten. Abdecken und aufs Doppelte aufgehen lassen.

» Backrohr auf etwa 180 °C Heißluft vorheizen. Eine Tortenform mit Öl einfetten. Den Teig auf einer bemehlten Arbeitsfläche zu einem Rechteck ausrollen, ca. 45 x 45 cm. Den Teig mit dem Pesto bestreichen. Danach den Teig in Streifen schneiden, 4 x 10 cm. Die Teigstreifen zu einem W falten und aufrecht in der Tortenform platzieren. Nochmals eine halbe Stunde gehen lassen.

» Anschließend 30–40 Minuten backen.

Bärlauchlaibchen

Bärlauchlaibchen, zur Bärlauchzeit ein absolutes Muss. Wieder einmal eine Restlvariante.

Zutaten:

- 300 g Semmel- oder Brotwürfel (auch hier kann man übrig gebliebenes Brot oder Weckerl verwenden)
- 200 ml Milch
- 150 g geriebener Käse (was halt da ist)
- ein schöner Bund Bärlauch
- 3 Eier
- Kräutersalz, Pfeffer
- etwas Kurkuma
- Öl zum Ausbacken

Zubereitung:

» Die Zutaten gut vermischen und anschließend kurz ruhen lassen. Sollte die Masse zu feucht sein, etwas Mehl unterrühren. Laibchen formen und im heißen Fett ausbacken. Mit einem Kräuterdip servieren.

Variante:

» Statt Käse können auch Schinken- oder Wurstreste verwendet werden.

Polenta-Bärlauch-Genuss

Pesto-Drahdiwaberl

Polenta-Bärlauch-Genuss

Zutaten:

- 250 g Polenta
- 500 ml Wasser
- 1 Suppenwürfel
- 6 EL Milch
- 1 EL Öl
- Bärlauch (ein schöner Bund, feinnudelig geschnitten)
- 150 g geriebener Käse (Sorte, die halt grad da ist)
- Kräutersalz
- Pfeffer

Zubereitung:

» Polenta mit Salz, Pfeffer und der Suppenbrühe übergießen. Zum Kochen bringen und dann ziehen lassen. Immer wieder umrühren. Wenn die Masse stockt, in eine gefettete Form streichen.

» Den Bärlauch blanchieren und mit kaltem Wasser abschrecken. In einer Schüssel mit dem Öl, dem Käse und der Milch vermengen. Auf die Polentamasse streichen und bei 200 °C 20 Minuten backen.

» Mit Pareideissoße serviert, ein wunderbares Mittagessen.

Pesto-Drahdiwaberl

Ein weiteres Rezept, das ich sehr liebe und auch immer wieder zur Bärlauchzeit gerne mache.

Zutaten:

- 2 Pkg. Blätterteig
- 1 Bund Bärlauch
- 2 EL Kürbiskerne
- 3 EL geriebener Käse
- Kräutersalz, Pfeffer
- 100 ml Olivenöl

Zubereitung:

» Pesto zubereiten. Bärlauch zerkleinern, mit Kürbiskernen, geriebenem Käse und Olivenöl zu einer cremigen Paste mixen. Mit Kräutersalz und Pfeffer würzen.

» Den Blätterteig ausrollen. Das Pesto darauf verteilen und wie einen Strudel aufrollen.

» In ca. 25 mm breite Stücke schneiden, diese an beiden Enden nehmen und gegenverkehrt drehen.

» Auf ein mit Backpapier belegtes Blech setzen, ein bisschen auseinanderdrücken und bei 200 °C 17–20 Minuten backen.

Bärlauchmaki

Zutaten (für ca. 10–12 Maki):

- 1 Tasse Sushi-Reis
- etwas Apfelessig
- 2 Tassen Wasser
- ½ TL Bärlauchsalz
- 1 Dose Thunfisch oder Gurke oder Lachs
- ca. 25–28 große Bärlauchblätter

Zubereitung:

» Reis mit doppelter Menge (zunächst kaltem) Wasser mit einem Schuss Apfelessig sowie Salz aufkochen und ca. 15 Minuten köcheln lassen (Individuelle Anleitung auf der Packung beachten!), dabei öfters umrühren. Den Reis auskühlen lassen.

» In der Zwischenzeit Wasser erhitzen und in eine Schüssel füllen. Bärlauchblätter kurz darin einlegen, damit die Blätter weich und *klebrig* werden. Bärlauchblätter überlappend auf einem Geschirrtuch auflegen.

» Kalten Sushi-Reis (am besten mit nassen Händen) flach aufdrücken, dabei am oberen Rand ca. 3 cm frei lassen. Thunfischstücke, Karotten oder Gurkenstifte am unteren Ende auf dem Reis der Länge nach platzieren. Geschirrtuch vorsichtig einrollen und die Enden festdrücken.

» Vorsichtig mit einem scharfen Messer ca. 10–12 Stk. Maki runterschneiden.

» Mit Sojasauce servieren.

Bärlauchkasallerlei

Zutaten:

- 1 runder Weichkäse (ich habe die Bayrische Minitorte würzig genommen)
- 250 g Topfen
- 1 Schuss Schlagobers oder Cremefine
- 1 kleine Zwiebel
- 1 Bund Bärlauch
- Paprika edelsüß und scharf
- Bärlauchsalz
- gemahlener Kümmel
- Pfeffer
- einige Tropfen Zitronensaft

Zubereitung:

» Bärlauch und Zwiebel fein hacken, übrige Zutaten einrühren, den Weichkäse zuvor mit einer Gabel zerdrücken. Gut würzen und genießen. Schmeckt megagut.

» Dazu gibt es frisches Brot oder die Bärlauchstangerl.

Blätterteigröllchen mit Bärlauchcreme

Blätterteigröllchen

mit Bärlauchcreme

Zutaten:

- Blätterteig
- 250 g Topfen
- 125 ml Schlagobers
- Salz, Pfeffer
- Knoblauch
- Bärlauch oder andere Kräuter
- Ei zum Bestreichen
- Sesam
- Schnittlauch

Zubereitung:

» Blätterteig aufrollen und in 1,5 cm breite Streifen schneiden. Auf Schaumrollenförmchen drehen. Mit Ei bestreichen und mit Sesam bestreuen.

» Im vorgeheizten Backrohr bei 180 °C Heißluft ca. 10 Minuten backen.

» Auskühlen, von den Förmchen lösen und mit Bärlauchcreme füllen. Die Enden in geschnittenen Schnittlauch dippen.

» Für die Creme den Topfen, Schlagobers, Salz, Pfeffer, Knoblauch und Kräuter mischen und nach Geschmack würzen.

Bärlauchstangerl

Eine nette Knabberei.

Zutaten:

- 300 g glattes Mehl
- 1 TL Hirtentäschelsalz (alternativ Kräutersalz)
- 1 TL Chilipulver (Marke Eigenbau)
- 250 g Topfen 20 % Fett (Quark)
- 200 g Butter
- 50 g geriebener Emmentaler
- 1 Handvoll klein gehackte Wildkräuter, ca. 50 g (Bärlauch, ...)
- 1 Knoblauchzehe
- etwas Oregano
- 100 g geriebener Käse zum Bestreuen

Zubereitung:

» Aus den Zutaten einen glatten Teig kneten und diesen 1–2 Stunden rasten lassen. Dann den Teig teilen. 4 Rollen machen und jede in 10 Teilchen teilen.

» Aus diesen ca. 21 g schweren Teigstückchen dünne Stangerl formen. Diese auf ein mit Backpapier belegtes Blech legen (es werden 3 Bleche) und mit Eiklar bestreichen.

» Mit dem geriebenen Käse (100 g) bestreuen und bei 200 °C Ober-/Unterhitze ca. 12–14 Minuten backen.

Kräuterstangerl „Restlverwertung“

Zutaten:

- 1 Pkg. Blätterteig
- Pesto, das grad da ist. Ich habe ein karottengrünes Pesto genommen und Selchfleisch, da war noch ein Rest vom Osterschinken.

Zubereitung:

» Blätterteig ausrollen und zur Hälfte mit dem Pesto bestreichen. Schinken auflegen. Teigplatte von oben nach unten zusammenklappen, etwas andrücken. Mit dem Pizzaradler in Streifen radeln und zu Spiralen drehen.

» Bei 200 °C ca. 12 Minuten backen.

Preiselbeer-Kren-Aufstrich

Zutaten:

- 200 g Frischkäse natur
- 3 EL Preiselbeermarmelade
- 2 EL geriebener Kren
- etwas Salz
- eventuell ein Spritzer Zitronensaft

Zubereitung:

» Alle Zutaten miteinander vermischen, etwas salzen und schon haben wir einen wunderbaren Aufstrich.

» Mit Knoblauchbaguette servieren.

Knoblauchbaguette

Zutaten:

- 330 g glattes Mehl
- 100 ml Milch
- 100 ml Wasser
- 20 g Olivenöl
- 2 TL Knoblauchpaste
- 7 g Kräutersalz
- 7 g Germ

Zubereitung:

» Germteig bereiten. Alles in eine Schüssel geben und 10 Minuten mit dem Knethaken zu einem geschmeidigen Teig kneten. Schüssel mit einem Tuch abdecken und 20 Minuten ruhen lassen.

» Den Teig dann aus der Schüssel nehmen, einige Male falten und anschließend zum Baguette formen. Auf ein mit Backpapier belegtes Backblech legen und nochmals zugedeckt 10 Minuten rasten lassen.

» Abdecken, mit einem scharfen Messer einschneiden, mit lauwarmem Wasser besprühen und mit etwas Mehl bestäuben.

» Im vorgeheizten Backrohr bei 210 °C ca. 20 Minuten backen.

Linsen-Schafgarben-Aufstrich mit Wurzelbrot

Zutaten:

- 1 Dose Linsen, abgetropft
- 150 g Butter
- 150 g Topfen
- 2 EL Tomatenmark
- 1 Handvoll Schafgarbe, klein gehackt

Zubereitung:

» Alle Zutaten zu einer cremigen, streichfähigen Masse verrühren. Gewürze nehmen wir nach Geschmack. Kräutersalz, Pfeffer, Paprika, Curry, Chili.

» Dazu reichen wir ein Wurzelbrot.

Wurzelbrot

Zutaten:

- 500 g glattes Mehl
- 100 g Roggenmehl
- 20 g Kräutersalz (ich habe Zwiebelsalz genommen)
- 10 g Zucker oder Honig
- 20 g Germ
- 400 g lauwarmes Wasser
- Kräutln nach Wahl

Zubereitung:

» Germ mit Zucker im Wasser auflösen, die übrigen Zutaten zufügen und alles gut verkneten. 30 Minuten rasten lassen.

» Den Teig in 2 Teile teilen und zu Wurzeln formen. Auf ein mit Backpapier belegtes Blech legen und nochmals, zugedeckt, 20 Minuten rasten lassen.

» Dann 15 Minuten bei 240 °C und weitere 20 Minuten bei 180 °C backen. (Wenn es zu dunkel wird, abdecken). Beim Backen eine Schüssel Wasser in den Herd stellen.

Zipfelines versteckte Wildkräuterblätter

Brennnesselchips

Zipfelines versteckte Wildkräuterblätter mit Sojasoße

Zutaten:

- ausgezogener Strudelteig
- Wildkräuterblätter
- Öl
- Soja- oder Teriyakisoße

Zubereitung:

» 1 Blatt Strudelteig auflegen, verschiedene Wildkräuterblätter (Brennnessel, Birke, Löwenzahn, Wegerich) darauf verteilen, ein zweites Blatt Teig darüberlegen und mit dem Nudelwalker darüberrollen, ausschneiden und im heißen Fett ausbacken. Auf einer Küchenrolle abtropfen lassen und mit Soße servieren.

Brennnesselchips, in Bierteig gebacken

Zutaten:

- 3 gehäufte EL Mehl
- 1 Ei
- ⅛ l (125 ml) dunkles Bier
- Kräutersalz
- 20 Brennnesselblätter
- Öl zum Ausbacken

Zubereitung:

× Blätter waschen und trocken tupfen. Eier, Mehl und Bier (ein gutes Achtel) verquirlen. Der Teig sollte nicht zu dünn sein. Mit Kräutersalz würzen. Öl wie zum Frittieren in einen kleinen Topf oder eine Minifritteuse geben und erhitzen. Die Brennnesselblätter in den Teig tunken, ins heiße Fett geben und herausbacken. Auf einer Küchenrolle abtropfen lassen.

» Schmeckt lecker in einer Cremesuppe (Zucchini-, Kürbis- oder Lauchcremesuppe), aber auch so als Schmankerl mit einem Dip.

Zweierlei Käsepralinen im Blütenmantel

Zutaten:

- 250 g Camembert
- 100 g Butter
- ½ Zwiebel
- 250 g Topfen
- 2 Knoblauchzehen
- Salz
- Senf
- Löwenzahnblüten
- Taubnesselblüten
- Schnittlauchröllchen
- Gänseblümchen
- Blüten, die wir gerade haben, aber auch Paprika vermischt mit Chili könnte man nehmen

Zubereitung:

» Fein gehackte Zwiebel, den zerdrückten Camembert und die weiche Butter gut miteinander vermischen. 30 Minuten kalt stellen und dann Kugerl formen. Diese in beliebigen Blüten oder Kräutern wälzen und in Papierkapseln setzen.

Oder:

» Topfen mit Kräutersalz gut würzen, zerdrückten Knoblauch und etwas Senf einarbeiten. Ebenfalls kalt stellen und dann Kugerl formen, in Blüten wälzen und in Papiermanschetten setzen.

» Dazu servieren wir Kräckers.

Holler-Joghurt-Creme

Auch was Süßes ist manchmal ein MUSS. Ein Blick in den Kühlschrank zeigt, was geht. Joghurt, ein Rest Obers, Hollersirup, passt.

Zutaten:

- 100 ml Hollersirup
- 300 g Joghurt
- 85 g Staubzucker
- Zitronensaft
- 4 Blatt Gelatine
- 100 ml Schlagobers

Zubereitung:

» Joghurt, Zucker, Hollersirup, Zitronensaft verrühren. Die zuvor eingeweichte Gelatine einrühren. Das Schlagobers unterheben, in Gläser füllen und kalt stellen. Mit einem eingelegten Zierapferl garnieren und genießen.

Wiesenlimonade

Zutaten:

- 10 Stängel Giersch
- 3 Ranken Gundelrebe
- 5 Stängel Pfefferminze
- 5 Stängel Zitronenmelisse
- 1 l Apfelsaft
- 1 Flasche Mineralwasser
- Saft einer Zitrone

Zubereitung:

» Die Kräuter zu einem Strauß zusammenbinden und kräftig drücken, damit die Inhaltsstoffe austreten können. Diesen Strauß in den Apfelsaft hängen.

» Nach mindestens 3 Stunden herausnehmen und mit Zitronensaft und Mineralwasser vermischen.

Veilchensirup

Im April sind natürlich auch die ersten Veilchen da. Ich genieße es ja, mit Farben zu spielen, da muss dann natürlich ein Veilchensirup gemacht werden.

Zutaten:

- 2 Handvoll Veilchenblüten
- 500 ml Läuterzucker
- Saft von einer Zitrone

Zubereitung Läuterzucker:

» 500 ml Wasser mit 500 g Zucker ungefähr 10 Minuten köcheln lassen. Etwas auskühlen lassen.

Zubereitung:

» 500 ml davon abmessen und über die Veilchenblüten gießen.

» Den Zitronensaft dazugeben und für 2–3 Tage im Kühlschrank ziehen lassen. Filtern und nochmals erwärmen.

» In kleine Fläschchen füllen und etikettieren.

Dieser Sirup ist etwas Besonderes für jemand Besonderen.

Mai

Wir haben vergangenes Jahr Rhabarber gesetzt. Bis man ihn ernten kann, dauert es aber doch ein bisschen, und zwar zwei Jahre.

Eine liebe Freundin hatte Mitleid mit mir und beschenkte mich mit einem Kisterl. Da meine Lieben auf Rhabarber voll abfahren, machte ich mich ans Einkochen.

Rhabarberkompott

Zutaten:

- 1 ½ kg Rhabarber
- 350 g Zucker
- 1 EL Rosenzucker

Das Blanchieren mache ich, weil doch relativ viel Oxalsäure in der Pflanze enthalten ist und diese Prozedur unseren Geschmacksnerven guttut.

Zubereitung:

» Ich habe den Rhabarber geschält (ist nicht unbedingt nötig) und in 2 cm lange Stücke geschnitten. Danach im kochenden Wasser kurz blanchiert und abgeseiht. Mit Zucker bestreut und umgerührt.

» Nun das Ganze ca. 2 Stunden ziehen lassen. Es bildet sich ziemlich viel Flüssigkeit. Dann habe ich noch Rosenzucker beigefügt und zugestellt. Erhitzen und wirklich nur ganz kurz kochen lassen, in sterilisierte Gläser füllen und verschließen. Über Nacht abdecken, damit sie langsam abkühlen. Beschriften und bei Bedarf genießen.

Rhabarber-Streuselkuchen

Auch einen Rhabarber-Streuselkuchen lieben alle.

Zutaten:

- 400 g glattes Mehl
- 1 Pkg. Backpulver
- 250 g weiche Butter
- 280 g Staubzucker
- 1 EL Rosenzucker
- 1 Prise Salz
- etwas geriebene Zitronenschale
- 5 Eier
- ⅛ l warme Milch
- gut 1 kg Rhabarber

Für die Streusel:

- 200 g glattes Mehl
- 150 g Feinkristallzucker
- 1 EL Rosenzucker
- etwas Zimt
- 1 Prise Salz
- 150 g Butter aus dem Kühlschrank

Zubereitung:

» Den Rhabarber putzen und in kleine Stücke schneiden. Butter, Staubzucker, Rosenzucker, Salz und die geriebene Zitronenschale cremig rühren. Nach und nach die Eier unterrühren. Dauer ca. 10 Minuten. Dann abwechselnd das mit Backpulver vermischte Mehl und die Milch einrühren.

» Für die Streusel Mehl, Zucker, Rosenzucker, Zimt, Salz gut vermischen und danach die kalte, in kleine Stücke geschnittene Butter dazugeben. Diese Masse nun zwischen den Fingern zerbröseln. Auf einer Platte im Kühlschrank warten lassen.

» Den Teig auf ein mit Backpapier belegtes, tiefes Blech streichen, mit dem geschnittenen Rhabarber üppig belegen und mit dem gekühlten Streusel bestreuen. In ein auf 160 °C vorgeheiztes Backrohr schieben und ca. 50–60 Minuten zu schöner Farbe backen. Auskühlen lassen und mit Staubzucker bestreuen.

Rhabarberfladen – Kuchen mit Schneehauberl

Zutaten:

- 125 g Butter
- 125 g Zucker
- 1 Pkg. Vanillezucker
- 125 g glattes Mehl
- ½ Pkg. Backpulver
- 1 Ei
- 2 Dotter
- 2 restliche Eiklar für Schneehaube
- 125 g Feinkristallzucker
- 500 g Rhabarber

Schmeckt fantastisch!

Zubereitung:

» Aus den Teigzutaten einen Teig rühren. In eine vorbereitete Springform füllen. Den Rhabarber schälen und in kleine Stücke schneiden. Auf den vorbereiteten Boden geben.

» Im auf 200 °C vorgeheizten Backrohr 25 Minuten backen.

» In der Zwischenzeit das Eiklar zu Schnee schlagen, Zucker einrieseln lassen.

» Auf dem vorgebackenen Kuchen verteilen und nochmals für 10 Minuten ins Rohr schieben.

» Aufpassen, dass er nicht zu dunkel wird.

Nun möchte ich mich aber der Brennnessel zuwenden. Über sie zu schreiben ist fast unnötig, Jeder kennt sie, manche so wie ich, lieben sie. Da ich, beim Herrichten der Kartoffelpyramiden, auf ein ganzes Feld Brennnesseln gestoßen bin, waren Rezepte und Ausprobieren natürlich gefragt.

Brennnesselspinat

Zu dieser Jahreszeit auch ein absolutes MUSS.

Zutaten:

- 500 g junge Brennnesseltriebe
- 1 Zwiebel
- 2 Suppenwürfel oder selbst gemachte Suppenwürze
- 2 Knoblauchzehen
- Salz, Pfeffer
- Muskat
- 3 EL Schmalz
- 2 EL Mehl

Zubereitung:

» Die gewaschenen, vom groben Stängel befreiten Brennnesseln in der Suppenbrühe (1 l Wasser mit 2 Suppenwürfeln aufkochen) 15 Minuten köcheln, abseihen und die Brühe auffangen.

» Die Zwiebel schälen, fein hacken und in 1 EL Schmalz anrösten. Knoblauch dazugeben und gut durchrühren. Nun zu den abgeseihten Brennnesseln geben und pürieren. Soviel der aufgefangenen Flüssigkeit zuführen, als nötig.

» Aus dem übrigen Schmalz und dem Mehl eine helle Einmach bereiten. Das Kräuterpüree damit binden. Mit Salz, Pfeffer und Muskat abschmecken.

» Mit Röstkartoffeln und Spiegelei servieren.

Brennnesselspinat

Brennnessellaberl

Zutaten:

- würfelig geschnittenes Brot (Reste von Weiß- oder Mischbrot)
- Milch
- 2 Eier
- 2 Knoblauchzehen gepresst
- Muskat
- Kräutersalz
- Brennnesseln, fein gehackt (andere Wildkräuter sind möglich)
- Semmelbrösel nach Bedarf

Zubereitung:

» Würfelig geschnittenes Brot in Milch einweichen. Alle Zutaten gut miteinander vermischen, Laibchen formen und im heißen Fett ausbacken.

» Dazu reichen wir einen Knoblauchdip oder auch einen Salat.

Bei der Brennnessel bin ich leider nicht zu halten.

Brennnesselknödel

Das frische Grün der Brennnessel lädt ja immer wieder zu neuen Rezepten ein. Brennnesselknödel sind einfach zu machen, schmecken und sind gesund.

Zutaten:

- 250 g gemischte Semmel-Brotwürfel
- 200 ml Milch
- 1 kleine Zwiebel, fein gehackt
- 1 EL Butter (oder Schmalz)
- 3–4 EL glattes Mehl
- 2 EL Brennnesselblätter, getrocknet und gemahlen
- Brennnesselsamensalz
- 2 Eier

Zubereitung:

» Brot und Semmeln würfelig schneiden. Die Zwiebel in Fett anschwitzen und zu den Brotwürfeln geben. Milch mit den Eiern verquirlen, über die Brotwürfel gießen und mit Kräutersalz würzen. 15 Minuten rasten lassen. Nun wird das Mehl eingearbeitet und mit feuchten Händen Knödel geformt. Die Masse ergibt 7 Stück. In kochendes Salzwasser legen und 15 Minuten ziehen lassen.

» Danach herausnehmen und als Beilage zu Gulasch oder Rahmgschnetzeltem oder geröstet mit Ei servieren.

Brennnesselmuffins

Die möchte ich euch gerne empfehlen.

Zutaten für 40 Stück:

- 250 g glattes Mehl
- 1 Pkg. Backpulver
- 60 g Brennnesseln (junge Triebe)
- 120 g Schinken oder Selchfleisch, würfelig geschnitten
- 120 g geriebener Käse (auch hier nehmen wir, was grad da ist)
- 200 ml Milch
- 3 Eier (von unseren glücklichen Hühnern)
- 2–3 Knoblauchzehen
- Kräutersalz
- Pfeffer

Zubereitung:

» Teig aus Mehl, Backpulver, Milch und Eiern rühren. Die fein gehackten Brennnesseln, den würfelig geschnittenen Schinken, den geriebenen Käse, den gepressten Knoblauch, das Kräutersalz und den Pfeffer zufügen. Minimuffinförmchen damit befüllen.

» Im vorgeheizten Backrohr bei 180 °C ca. 17 Minuten backen. Ein Genuss.

Brennnesselnudeln

Weil ich auch schon mal Nudeln machen wollte, habe ich Brennnesselnudeln probiert. Eine Sucht.

Zutaten:

- 300 g glattes Mehl
- 1 TL Brennnesselsalz
- 3 Eier
- 1 EL Öl
- Brennnesselpulver nach Gefühl

Zubereitung:

» Aus den Zutaten einen Teig bereiten und diesen 30 Minuten rasten lassen.

» Den Teig dann in 4 Teile teilen. Diese durch die Nudelmaschine jagen. Das sollte schon einige Male sein, immer dünner werdend.

» Die Teigplatten auf ein mit Mehl bestäubtes Geschirrtuch legen und 30 Minuten trocknen lassen.

» Dann durch den Nudelaufsatz rollen. Alternativ könnte man sie auch händisch in Form schneiden.

Knackige Brennnesselkräckers mit pikantem Hummus

Zutaten:

- 100 g Buchweizenmehl
- 50 g Sonnenblumenkerne, gehäckselt
- 2 TL Backpulver
- 1 TL Salz
- 2 TL Brennnesselpulver
- 1 Knoblauchzehe, zerdrückt
- 80 g Parmesan
- 160 ml prickelndes Mineralwasser
- 2 EL Olivenöl

Zubereitung:

» Alles gut verrühren. 10 Minuten rasten lassen. Dann auf ein mit Backpapier belegtes Blech streichen und mit dem Pizzaradl Sollbruchstellen festlegen. Brennnesselsamen oder Sesam als Deko darauf verteilen.

» Bei 160 °C 35 Minuten backen. Eventuell wenden und nachtrocknen.

Pikanter Hummus

Zutaten:

- Kichererbsen
- Zitronensaft
- Olivenöl
- 1 Knoblauchzehe
- Chili
- Salz, Pfeffer
- Curry

Zubereitung:

» Kichererbsen abseihen und mit Zitronensaft und Olivenöl pürieren. 1 Knoblauchzehe dazupressen.

» Mit Chili, Salz, Pfeffer und Curry würzen.

Knofeknepf

Weil mir heute danach war, habe ich Knofeknepf (Knoblauchknöpfe) gemacht. Dazu dann einen herrlichen Suchtaufstrich.

Zutaten:

- 500 g glattes Mehl
- 42 g Germ
- 1 EL Zucker
- 2 TL Kräutersalz
- 300 ml lauwarmes Wasser

Zum Bestreichen:

- Butter
- Knoblauch
- grobes Salz

Zubereitung:

» Die Germ mit dem Zucker im lauwarmen Wasser auflösen und zum Mehl mit dem Salz geben. In der Küchenmaschine 5 Minuten zu einem geschmeidigen Teig kneten. Zugedeckt 1 Stunde rasten lassen.

» Dann den Teig in 8 Teile teilen, diese zuerst zu Kugeln, dann zu Strängen rollen. Aus jedem Strang einen Knopf machen.

» Diese auf ein mit Backpapier belegtes Blech setzen und zugedeckt weitere 30 Minuten gehen lassen.

» Danach ins auf 200 °C vorgeheizte Rohr (Heißluft) schieben und 15 Minuten backen. Kurz herausnehmen, mit Knoblauchbutter bestreichen und mit grobem Salz bestreuen. Einige habe ich auch mit Brennnesselsamen bestreut, weil die für mich immer gut sind.

» Für weitere 5 Minuten ins Rohr. Etwas auskühlen lassen, dann ist Zeit für eine Verkostung.

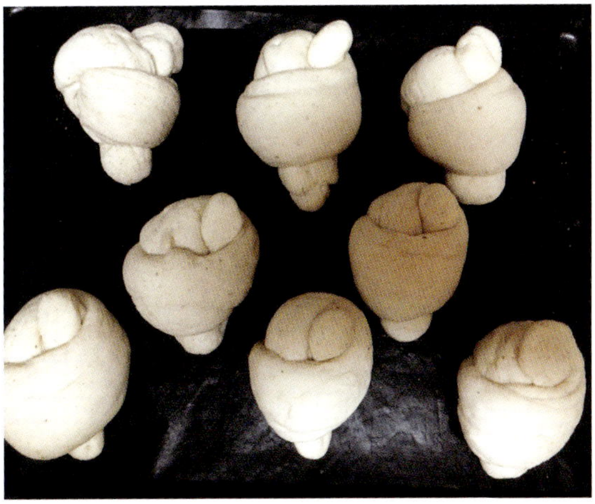

Rasch fertig – schmeckt super.

Suchtaufstrich

Das Rezept für den Aufstrich, der süchtig macht.

Zutaten:

- 200 g Frischkäse natur
- 3 Frühlingszwiebeln mitsamt dem Grün
- Paprika edelsüß
- Chilipulver
- Salz

Zubereitung:

» Den Frischkäse kurz durchmischen, die fein gehackten Jungzwiebel dazugeben und kräftig würzen.

Gebackene Spargelstangerl mit Wildkräutercreme

Mai ist ja auch Spargelzeit und so möchte ich dieses Rezept vorstellen.

Zutaten für 2 Personen:

- 8 Stangen weißer Spargel
- 8 Scheiben Schwarzwälder Schinken
- 4 Scheiben Käse halbiert
- Salz
- 1 Schuss Milch

Zum Panieren:

- Mehl
- Brösel
- 1 Ei
- Salz
- Fett zum Ausbacken

Zubereitung:

» Spargel schälen und die Enden abschneiden. (Kann für Suppe verwendet werden.) In Salzwasser, versetzt mit einen Schuss Milch, 5–7 Minuten köcheln lassen. Ausgekühlt einen Schlitz hineinschneiden und eine dünne Scheibe Käse hineinstecken. Mit dem Schinken umwickeln und panieren. Zuerst in Mehl, dann in das zerschlagene Ei und zuletzt in Bröseln wenden. In heißem Fett ausbacken und mit Wildkräutercreme servieren.

Wildkräutercreme

Zubereitung:

» Topfen, Joghurt, zerdrückten Knoblauch, Kräutersalz und gehackte Kräuter (was halt grad da ist) mischen.

Zipfelines Kräuterwürze

Ich habe wieder einmal Liebstöckl geschenkt bekommen. Wusstet ihr, dass man bei Erkältung den Stängel als Strohhalm nutzen kann, um so Milch zu schlürfen? Tut dem Hals gut. Weil nach dem Anfertigen des Liebstöcklsalzes noch immer etwas da war, machte ich mit den Resten eine Würzsoße.

Zutaten:

- einen schönen Buschen Liebstöckl (ca. 200 g)
- 1 Handvoll Oregano (man könnte auch Giersch oder Petersilie nehmen)
- 35 g Salz
- 750 ml Wasser
- 75 g Zucker
- 2 EL Sojasoße
- 1 KL Maizena

Zubereitung:

» Liebstöckl (von den Zweigen befreit), Oregano und Salz mit dem Wasser übergießen und 30 Minuten köcheln lassen.

» Den Zucker karamellisieren und mit dem Kräutersud löschen. Nochmals 10 Minuten köcheln lassen. Sojasoße einrühren. Abseihen, gut ausdrücken und nochmals durch ein sehr feines Sieb gießen.

» Ich habe es dann wieder auf den Herd gestellt und mit Maizena verbunden. In kleine Flaschen abgefüllt, werde ich es nicht nur als Suppenwürze verwenden. Das Maizena macht die Soße etwas molliger.

Kraftlackl-Sirup

Auch als Getränk ist die Brennnessel nicht zu verachten. Zum Beispiel in einem Kraftlackl-Sirup. Mit Wasser verdünnt, ein Genuss. Ich verdünne immer im Verhältnis 1:7.

Zutaten:

- 1 kg Zucker
- 100 g frischer Ingwer
- 8 Bio-Zitronen mit verzehrbarer Schale
- 80 g Brennnesseln
- 1 l Wasser

Zubereitung:

» Zucker, Wasser und geschälten, in kleine Scheiben geschnittenen Ingwer 10 Minuten köcheln lassen, so lange bis sich der Zucker aufgelöst hat.

» Schale der Zitronen abreiben und die Zitronen auspressen. Zitronensaft, Zitronenschale und die Brennnesseln zum Zucker-Ingwer-Wasser geben.

» Abkühlen lassen, abseihen und dann noch ein Mal aufkochen.

» In saubere Flaschen füllen und etikettieren.

» Zum Verdünnen mit Mineralwasser oder auch mit Sekt.

Der Holunder oder Holler ist eine Pflanze, die uns immer begleiten sollte. Viele Geschichten ranken sich um ihn. Als ich neulich darunterstand, fiel mir ein, dass ich doch schon einmal einen Hollerschreiber gemacht habe. Diesen verschenkte ich an ein Kind. Ich habe mir also wieder drei kleine Aststückchen mitgenommen. Zu Hause mit einer Stricknadel das Mark vorsichtig zusammengeschoben und in diesen Hohlraum eine Kugelschreibermine gesteckt. Ich schreibe ja prinzipiell sehr viel und das nicht nur am Computer. Zuvor wird alles in meine schlauen Büchlein eingetragen. Der Hollerschreiber ist meine Inspiration.

Hollerblütenessig

Auch ein Essig, der so leicht und schnell herzustellen ist, erfreut uns oft das ganze Jahr über. Der Duft wird eingefangen und wenn wir dann die Flasche öffnen, kommt uns wieder die Erinnerung an blühende Hollersträucher.

Zubereitung:

» Ich nehme Apfelessig vom Bio-Bauern und gebe einige Holunderblüten hinein. Ein Glas ist von Vorteil, weil man die Blüten ohne die groben Stängel besser hineinbekommt.

» 3 Wochen stehen lassen. Abseihen bzw. filtern, beschriften und genießen.

Nicht nur gut für eine Marinade, ein Dressing, sondern mit Honig vermischt auch als Oxymel zu verwenden.

Hollersirup

Der Mai bietet sich natürlich auch für den Hollersirup an, Hollersirup ist Pflicht. Ich mache ihn sicher seit 50 Jahren und er schmeckt immer noch. Mit Wasser verdünnt, ein Gläschen Sekt damit verfeinert. Einen Schluck als Zugabe zu Tee oder wenn es kälter wird, einfach schön warm trinken. Da nimmt jede Erkältung Reißaus.

Zutaten:

- 20–30 Hollerblüten ungewaschen (ich lege sie immer kurz auf ein weißes Tuch, so haben Bewohner die Möglichkeit, ihre Behausung zu verlassen)
- 4 Liter Wasser
- 4 in dünne Scheiben geschnittene Zitronen
- 100 g Zitronensäure
- 4 kg Zucker

Zubereitung:

» Diese Zutaten ohne den Zucker fülle ich in 2 große Einmachgläser und lasse sie 24 Stunden stehen. Danach abseihen und Zucker darin auflösen. Man könnte jetzt schon abfüllen, wenn aber jemand ganz sicher sein will, der kocht ein Mal kurz auf und füllt dann ab.

Löwenzahnlikör

Dieser Likör findet immer wieder seine Abnehmer.

Zutaten:

- 100 g Löwenzahnblüten, vom Grün befreit
- 125 ml Wasser
- 200 g weißer Kandiszucker
- 1 l Korn 38 %
- 1 Zitrone

Zubereitung:

» Die Löwenzahnblüten mit dem Kandiszucker und dem heißen Wasser übergießen und über Nacht stehen lassen. Am nächsten Tag den Korn dazugeben und die in Scheiben geschnittene Zitrone.

» Nun heißt es warten. 6–8 Wochen Ruhezeit sind ein MUSS.

Löwenzahnsirup

Die Wiesen sind im Mai auch oft in leuchtendes Gelb getaucht. Wenn man weiß, dass nicht gedüngt wurde, ist jetzt die Zeit, sich den Löwenzahn zu holen. Löwenzahnsirup ist z.B. ein ganz tolles Getränk, wenn man ihn verdünnt genießt.

Zutaten:

- 200 Löwenzahnköpfe, vom Grün befreit
- 700 ml Wasser
- 1 Bio-Zitrone
- 700 g Zucker

Zubereitung:

» Die abgezupften Löwenzahnblüten mit dem Wasser zustellen und zum Kochen bringen. Den Saft der Zitrone zufügen und über Nacht kühl stehen lassen. Am nächsten Morgen nochmals erhitzen, abseihen, dabei die Blüten sanft ausdrücken und den Saft dann mit dem Zucker versetzen.

» Aufkochen und 5 Minuten sanft köcheln lassen. In kleine Flaschen füllen und das, was die Natur uns gibt, einfach genießen.

Wipferlsirup

Der Mai ist schon ein sehr ergiebiger Monat, beinahe hätte ich den Wipferlsirup vergessen. Ohne den geht eigentlich gar nichts. Mein Hustensaft. Ich sammle die Fichten- und Tannenwipferl im Mai. Meine sind meistens aus der Steiermark. Dort, bei meinem Lieblingsbauern, darf ich mich bedienen.

Zubereitung:

» Also, ich nehme die Wipferl, spüle sie kurz ab und gebe sie in einen Topf. Mit Wasser bedecken und eventuell beschweren. Zugedeckt 4 Tage stehen lassen.

» Danach ein Mal kurz aufkochen und abseihen. Abmessen, mit der gleichen Menge Rohrzucker auf den Herd stellen und langsam zu Sirup köcheln. Dauer ca. 90 Minuten.

» In sterile Fläschchen füllen und bei Bedarf ein Schlückchen nehmen.

Anti-Husten-Wipferl-Würfel

Hier noch ein Maiwipferl-Rezept. Also, Wipferlsirup sollte man immer greifbar haben.

Zutaten Teig:

- 100 g brauner Zucker
- 200 g Butter
- 300 g Dinkelmehl
- 1 Ei
- 1 Prise Salz
- 1 TL Hildegard-Gewürzmischung

Zubereitung Teig:

» Aus diesen Zutaten einen Teig bereiten und 60 Minuten kühl rasten lassen. Danach den Teig auf Backpapier in Backblechgröße auswalken, auf das Backblech legen, mit einer Gabel ein bisschen einstechen und bei 170 °C 10 Minuten vorbacken.

» In der Zwischenzeit den Belag zubereiten.

Zutaten trockene Lebensmittel:

- 100 g Sesam
- 100 g Sonnenblumenkerne
- 60 g Mandeln oder Nüsse
- 2 EL Dinkelmehl
- 1 EL Breitwegerichsamen oder Flohsamen

Zutaten feuchte Lebensmittel:

- 130 g Butter
- 200 g Wipferlsirup
- 60 ml Cremefine zum Schlagen
- 60 ml Wasser

Zubereitung:

» Die trockenen Zutaten mischen. Die flüssigen Zutaten in einer Pfanne erhitzen und rühren, bis eine schöne braune Masse entstanden ist. Nun die trockenen Zutaten zufügen. Die Masse etwas einkochen lassen.

» Auf dem vorgebackenen Mürbteigboden verteilen und bei 170 °C fertig backen.

» In etwas ausgekühltem Zustand in gefällige Würfel schneiden.

Juni

Hexenpfeffer

Habt ihr schon einmal Hexenpfeffer gemacht? Genial. Mich hat er neugierig gemacht und ich hab's probiert.

Zubereitung:

» 125 ml grüne Hollerbeeren abrebeln und in Salzwasser 10 Minuten kochen. Abseihen, abschwemmen und in kleine Gläser füllen. Mit Marinade übergießen.

Zutaten Marinade:

- 125 ml Holleressig
- 1 EL brauner Zucker
- 5 Knoblauchzehen, wovon 3 in die Gläser mit den Beeren gegeben werden
- Rosmarin
- Dost

Zubereitung:

» Den Essig mit dem Zucker, 2 Knoblauchzehen, Dost und Rosmarin aufkochen, abseihen und heiß über die Beeren gießen.

» Ich habe die Gläschen verschlossen und dann noch 30 Minuten bei 100 °C eingekocht.

» Auf saurer Presswurst – hexisch (himmlisch).

Grammelfladen

Wenn ich einen Vortrag habe, nehme ich auch immer gerne etwas zum Verkosten mit. Wenn man schmeckt, wie gut etwas ist, das man zuvor nie verwendet hat, dann probiert man es auch eher aus.

Zutaten:

- 400 g Mehl Universal
- 30 g Germ (Hefe)
- 220 ml lauwarmes Wasser
- 3 EL Sonnenblumenöl
- 1 TL Kräutersalz
- einige Knoblauchzehen
- 2 Zweige Rosmarin
- 100 g Grammeln (Grieben)

Schmeckt warm, aber auch kalt.

Zubereitung:

» Die Germ im lauwarmen Wasser auflösen. Das Mehl, das Öl, das Salz und die Grammeln zufügen. Einige lassen wir als Aufputz zurück. In der Küchenmaschine zu einem Teig kneten. Zugedeckt 30 Minuten gehen lassen. Der Teig sollte sich verdoppeln.

» Nun auf einer bemehlten Arbeitsfläche nochmals durchkneten. Auf ein mit Backpapier belegtes Blech legen und mit den Händen flach drücken. Mit den Fingern einige Vertiefungen machen und die zur Seite gelegten Grammeln, die halbierten Knoblauchzehen und den Rosmarin hineinstecken.

» Nochmals 30 Minuten zugedeckt rasten lasse, ehe man den Fladen ins vorgeheizte Rohr schiebt. Bei 200 °C 20 Minuten backen.

Helles Brot (Dinkel-Weizen)

Brot backen zwischendurch – immer wieder schön.

Zutaten:

- 100 g Dinkelmehl
- 400 g Weizenmehl glatt
- 350 ml lauwarmes Wasser
- ½ Pkg. Germ (Hefe) = 21 g
- 10 g Bärlauchsalz
- 20 g Grieß

Zubereitung:

» Die trockenen Zutaten in eine Rührschüssel geben, Germ zerbröselt dazu und auch das lauwarme Wasser. 5 Minuten in der Küchenmaschine mit dem Knethaken bearbeiten. Der Teig soll sich vom Rand lösen. Zudecken und 60 Minuten rasten lassen.

» Nun auf eine bemehlte Arbeitsfläche geben (hier nehme ich immer Roggenmehl) und den Teig in Form bringen. Entweder in ein Gärkörbchen legen oder auf ein vorbereitetes Blech. Wieder zudecken und nochmals eine gute Stunde ruhen lassen.

» Den Ofen auf 220 °C vorheizen, Ober-/Unterhitze. Das vorbereitete Backgut nun vorsichtig vom Gärkörbchen auf das Blech geben. Blech in die Mitte des Rohres schieben und unter Dampf 25 Minuten backen.

Angezogene Karotten

Die sollte man einmal probieren. Ein ganz schneller Super-Snack.

Zutaten:

- 1 Rolle Blätterteig
- 1 Pkg. Schwarzwälder Schinken (10 Scheiben)
- 5 Karotten (Möhren), möglichst gleich groß
- zum Bestreichen 1 Eidotter (Eigelb)
- zum Bestreuen Brennnesselsamen, Sesam, Chiasamen, was halt da ist

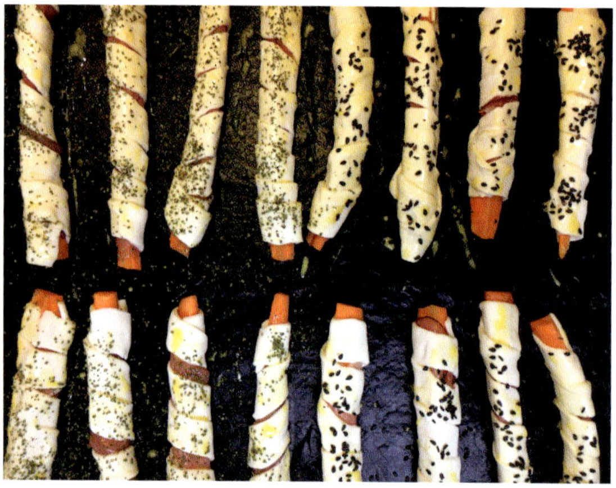

Zubereitung:

» Den Blätterteig ausrollen und in 20 Streifen schneiden. Karotten waschen, schälen, vierteln. Sie sollten möglichst gleich groß sein. Jede Schinkenscheibe der Länge nach durchschneiden. Nun wird zuerst das Karottenviertel mit dem Schinkenstreifen umwickelt, danach wird der Blätterteigstreifen spiralförmig darübergewickelt.

» Auf ein mit Backpapier belegtes Blech setzen, mit dem versprudelten Dotter, welchem wir einen Schluck Milch zugesetzt haben, bestreichen und mit Samen nach Wahl bestreuen.

» Im vorgeheizten Backrohr bei 200 °C ca. 20 Minuten backen.

Karotten-Hummus

Ich liebe Karotten und ich liebe Kichererbsen, also gibt es auch eine Kombination von beidem.

Zutaten:

- 250 g Karotten
- 250 g gekochte Kichererbsen (ev. aus der Dose)
- 1 EL Öl
- 1 EL Zipfelines Würzsoße (alternativ Worcestersoße)
- Saft einer Zitrone
- 1 TL Chilipulver (wer's gerne scharf mag, auch etwas mehr)
- Kräutersalz
- 50 ml Öl

Zubereitung:

» Karotten schälen, in Scheiben schneiden und mit 1 EL Öl beträufeln.

» In das auf 180 °C vorgeheizte Backrohr für 30 Minuten hineinstellen.

» In der Zwischenzeit die Kichererbsen mit 1 EL Wasser vermischt mixen. Zipfelines Würzsoße, Zitronensaft und Chilipulver dazugeben.

» Die ausgekühlten Karotten einmixen und zum Schluss langsam das Öl einrühren.

» Mit Baguette oder den Brotchips servieren.

Meisterwurz

Als Würze passt auch die Meisterwurz. Hier pulverisiere ich gerne die Blätter und nehme sie zum Würzen.

Blätter zu pulverisieren und verschiedenen Speisen zuzufügen ist sowieso super. Nahrungsergänzungsmittel aus der Natur.

Der Vorteil ist,
man kann es gut vorbereiten.

Gefüllte Blüten

Auch diese Blüten sind gut zum Vorbereiten. Man kann sie mit Fülle backen oder „blind" und danach mit Aufstrich füllen.

Zutaten Teig:

- 100 g Butter
- 200 g glattes Mehl
- 60 g pürierte Rote Rüben
- 30 ml Wasser

Zubereitung Teig:

» Teig zubereiten und 30 Minuten kühl rasten lassen.

Fülle 1:

» 2 Karotten blättrig schneiden und in Suppenbrühe weich kochen. Aus dem Topf nehmen und pürieren. Mit geriebenem Käse und etwas Salz abschmecken.

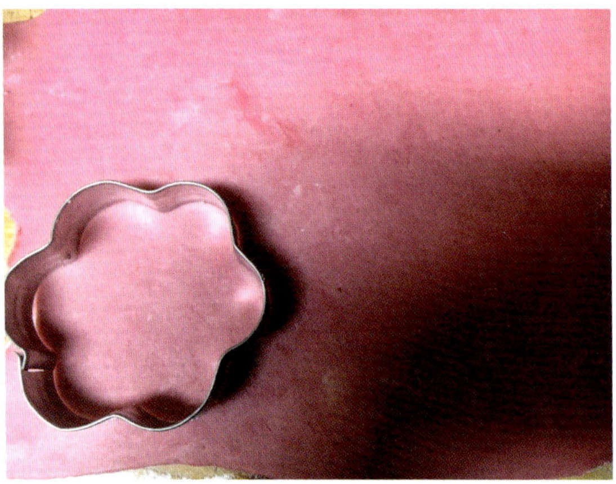

Zutaten Fülle 2:

- 1 Büschel Brennnesseln (wenn nicht vorhanden Spinat)
- ½ kleine Zwiebel, fein gehackt
- Salz
- 2 EL Öl
- geriebener Käse

Zubereitung Fülle 2:

» Zwiebel in Öl anschwitzen, geschnittene Brennnesseln dazugeben, würzen. Kurz dünsten, pürieren und den Käse zufügen.

» Teig ausrollen, Blüten ausstechen und in ein Muffinsblech (kleine Form, 24 Stück) drücken.

» Mit einem kleinen Löffel oder einen Spritzsack die Fülle verteilen.

» Im vorgeheizten Backrohr bei 180 °C ca. 17 Minuten backen.

» Man kann die Blüten auch leer backen und mit Aufstrich füllen.

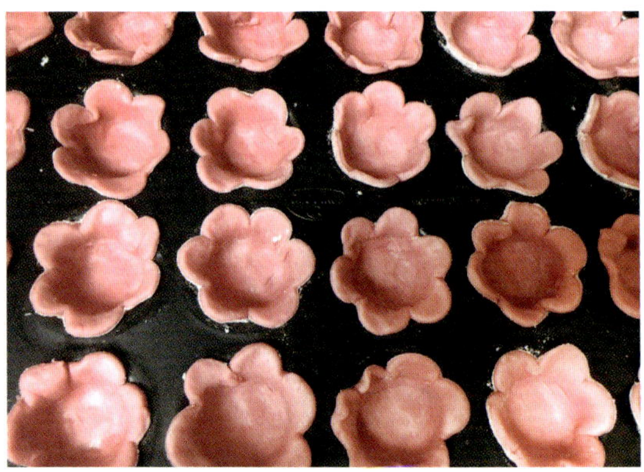

Hasensalat

Ein absoluter Lieblingssalat meines Enkels ist der Hasensalat (eingerext). Ich koche ihn jetzt schon immer ein, damit er, wenn ihm danach ist, zugreifen kann.

Zutaten:

- 1½ kg Karotten (Möhren)
- 3 TL Salz
- 3 TL Zucker
- 6 EL Zitronensaft
- 6 EL Apfelessig (alternativ weißer Balsamico)
- 12 EL Öl
- Pfeffer

Zubereitung:

» Alle Zutaten gut vermischen und in sterile Gläser füllen.

» Bei 90 °C 30 Minuten einkochen.

Schnitzerlsalat

Salat, Salat, Salat. Nachdem mein Enkel im Salatrausch war, sind wir sehr gut versorgt. So ist es diesmal ein Schnitzerlsalat geworden.

Zubereitung:

» Restln sind wieder einmal übrig geblieben, zwei halbe Schnitzerl, ein Übermaß an Salat, Radieschen aus dem Garten, die Snackgurken sind noch vom Bio-Gärtner, unsere dauern noch ein bisschen, und eine Schüttelmarinade mit Holleressig.

» Als Beilage gab es die Knofeknepf vom Mai siehe Seite 83.

Variante:

» Salat mit Thunfisch und Ei

Brotchips

Etwas, das man immer vorrätig haben sollte, sind Brotchips.
1. Schmecken sie lecker.
2. Altes Brot wird verarbeitet und
3. Man kann es wunderbar vorbereiten. In einem Glas oder einer Keksdose hat man für Hungrige immer etwas zum Knabbern.

Zubereitung:

» Altes Brot in dünne Scheiben schneiden, auf ein vorbereitetes Backblech legen und mit Kräutersalz, vermischt mit Öl, betupfen.

» Im vorgeheizten Backrohr bei 180 °C ca. 8 Minuten knusprig backen.

Brennnesselkekse, die glücklich machen

Ein Rezept, das ich schon etliche Male gemacht habe und immer wieder mache. Eine gesunde Knabberei. Gut vorzubereiten. Alle mögen sie.

Zutaten:

- 500 g glattes Mehl
- 250 g Butter
- 1 Ei
- 2 größere Karotten
- 1 Handvoll Brennnesselblätter
- 100 g geriebener Käse
- 3 Jungzwiebeln mitsamt dem Grün
- Kräutersalz
- zum Bestreichen: 1 Eiklar, Brennnesselsamen, Breitwegerichsamen etc.

Zubereitung:

» Mehl mit Butter zerbröseln und das Ei einrühren. 2 TL Kräutersalz und gehäckselte Karotten, Zwiebel, Käse, Brennnesselblätter einarbeiten. Teig in Frischhaltefolie gewickelt 1 Stunde rasten lassen. Nicht im Kühlschrank.

» Danach den Teig in 3 Teile teilen und auf Backpapier auswalken. Mit einem Pizzaradl die Ränder begradigen und in gleichmäßige Rauten radeln.

» Mit Eiklar bestreichen und mit Samen bestreuen. Bei 190 °C ca. 17–20 Minuten backen.

Himbeer-Fladen-Kuchen

Schön langsam werden auch die Himbeeren reif. Sirup, Likör, Marmelade oder auch einen Himbeer-Fladen-Kuchen können wir produzieren, der Sommer ist so schön!

Zutaten Teig:

- 160 g Mehl Universal
- 5 Eier
- Zitronenschale
- 50 g Feinkristallzucker
- 320 ml Milch
- 2 EL Staubzucker

Zutaten Belag:

- 1 Pkg. Vanillepuddingpulver
- 30 g Feinkristallzucker
- 250 ml Milch
- 200 ml Cremefine zum Schlagen
- Himbeeren oder Beeren nach Wahl

Zubereitung:

» Eier trennen. Eiklar mit einer Prise Salz zu Schnee schlagen, den Zucker einrieseln lassen und weiterschlagen, bis sich der Zucker gelöst hat.

» Mehl, Dotter und Milch mit einem Quirl verrühren. Den Eischnee und die Hälfte der Zitronenschale unterheben. Auf ein mit Backpapier belegtes Blech streichen und mit dem Staubzucker bestreuen. Im vorgeheizten Backrohr bei 180 °C ca. 10–12 Minuten backen.

» Währenddessen das Puddingpulver mit 50 ml Milch und 30 g Zucker verquirlen. Die übrige Milch und die Cremefine zum Kochen bringen, das Puddinggemisch einrühren und unter Rühren 1 Minute kochen.

» Danach vom Herd nehmen und kräftig durchschlagen. Wenn der Kuchen fertig ist, die noch warme Puddingmasse auf den noch warmen Kuchen streichen. Mit den Himbeeren belegen und kalt stellen.

» Zum Kaffee oder als leichte Nachspeise genießen.

Kirsch-Mohnkuchen mit Rumglasur

Ein Rezept, das ich besonders liebe. Geht ganz schnell und schmeckt sehr gut. Dazu nehme ich mein eingekochtes Kirschenkompott.

Zutaten:

- 200 g glattes Mehl
- 2 EL Backpulver
- 150 g Rohrzucker
- 1 Pkg. Vanillezucker
- 200 g Butter
- 3 Eier
- 1 Glas eingekochte Kirschen
- 50 g gemahlener Mohn
- 4 EL Milch
- etwas geriebene Zitronenschale

Für die Glasur:

- 250 g Staubzucker
- 6 EL Rum

Zubereitung:

» Zucker und Vanillezucker mit den Eiern und der weichen Butter sehr cremig rühren. Das mit Backpulver versiebte Mehl, den Zitronenabrieb, den Mohn und die Milch einrühren. Zuletzt die abgetropften Kirschen untermischen. In eine vorbereitete Form füllen und bei 170 °C ca. 45 Minuten backen.

» Den Staubzucker mit dem Rum verrühren und über den noch warmen Kuchen streichen. Auskühlen lassen und genießen.

Kirschenkompott eingekocht

Zubereitung:

» Ich wasche die Kirschen und entkerne sie. Ist natürlich eine etwas aufwendige Arbeit, aber es lohnt sich. Kirschen dann in Gläser geben, einen Rand frei lassen. Inzwischen 100 ml Wasser mit 250 g Zucker und einem Stückchen Zimtrinde aufkochen. So lange kochen, bis sich der Zucker gelöst hat. Dann die Zimtrinde herausfischen und das Zuckerwasser über die vorbereiteten Kirschen gießen.

» Gläser verschließen und im Backrohr auf einem mit Wasser bedeckten, hohen Blech (Wasserbad) 30 Minuten bei 150 °C einkochen. Aus dem Rohr nehmen, auskühlen lassen und beschriften.

Kirschkernkissen

Im Sommer, da brauche ich es nicht, aber im Winter möchte ich ohne mein Kissen nicht zu Bett gehen. Es wärmt mich auch innerlich. Es hilft bei Verspannungen, Ohrenschmerzen, Bauchweh, Kopfweh, es ist aus meinem Leben nicht wegzudenken. Auch als Kältepackung kann man es verwenden.

Herstellung

» Die Herstellung ist einfach, ein Stück Baumwollstoff, Größe nach Wahl, zu einem Viereck oder Rechteck zusammennähen, einen Schlitz zum Befüllen offen lassen. Die getrockneten Kirschkerne einfüllen und verschließen.

Biskuitroulade „Opas Liebling"

Ein Rezept, das ich auch einfügen musste, ist die Lieblingsmehlspeise meines Mannes. Darum nenne ich sie auch Biskuitroulade „Opas Liebling". Die darin enthaltene Marmelade ist natürlich wieder ein Gartenprodukt.

Zutaten:

- 6 Eier getrennt
- 180 g Staubzucker (Puderzucker)
- 150 g glattes Mehl
- ½ Pkg. Backpulver
- 1 Pkg. Vanillezucker mit Zitronengeschmack
- 1 kräftiger Schuss Rum

Zubereitung:

» Eiklar (Eiweiß) mit eine Prise Salz zu Schnee schlagen. Dotter (Eigelb) mit Zucker, Vanillezucker und Rum schaumig rühren. Das mit Backpulver vermischte Mehl einrühren. Zu guter Letzt den Schnee vorsichtig unterheben.

» Auf ein mit Backpapier belegtes Blech streichen und bei 150 °C ca. 15 Minuten backen.

» Auf ein mit Staubzucker bestreutes, vorbereitetes sauberes Tuch stürzen. Das Backpapier abziehen. Wenn es schwierig ist, mit Wasser bestreichen und 2 Minuten warten. Dann geht es leichter.

» Nun rasch mit Marmelade (Kriecherln) bestreichen und straff einrollen. Reichlich mit Staubzucker bestreuen.

Biskuitroulade „Opas Liebling"

Hollerblüten

Hollerblüten

Hollerblüten, eine neue Kekskreation.

Zutaten:

- 150 g glattes Mehl
- ½ TL Backpulver
- 100 g Butter
- 60 g Staubzucker
- 1 Prise Salz
- 1 Ei

Zum Füllen:

- 100 g Hollerblütengelee (siehe Beschwipste Wölkchen)
- 50 g Hollerblütenzucker

Zubereitung:

» Aus den Teigzutaten einen Mürbteig bereiten und diesen, in Frischhaltefolie gewickelt, 1 Stunde kühl stellen.

» Ein Backblech mit Backpapier belegen und das Backrohr auf 180 °C vorheizen.

» Teig auf bemehlter Arbeitsfläche ausrollen, mit einem Ausstecher Blüten ausstechen. Auf das vorbereitete Blech legen und ca. 8 Minuten backen. Auskühlen lassen.

» Mit dem *Beschwipsten Hollerblütengelee* die Hälfte der Blüten bestreichen. Die zweite Hälfte mit dem *Hollerblütenzucker* bestreuen. Zusammensetzen und genießen.

Dieses Rezept könnte man auch für Rosenblüten, Lavendel, Gänseblümchen und vieles mehr verwenden.

Rosenblütenpralinen

Auch die Rosen blühen momentan so wunderschön, da konnte ich nicht widerstehen, die Blütenblätter, ehe sie abfallen, einzufangen. Daraus wurde dann Rosenblütensirup, Rosenblütenlikör, getrocknete Rosenblüten für Tee oder auch für Seife und Rosenblütenpralinen.

Zutaten:

- getrocknete Rosenblüten oder auch frische
- Rosenblütensirup oder -likör
- 4–5 EL Zucker
- 100 g Mandelblättchen
- 200 g Kuvertüre bitter

Zubereitung:

» Mandelblättchen rösten, Zucker karamellisieren, auf Backpapier auskühlen lassen. ⅔ dieser Masse erkaltet fein reiben oder mörsern, den Rest mit den Fingern zerbröseln.

» Die Rosenblüten, die in Sirup eingeweicht wurden, mixen. Die Kuvertüre im Wasserbad schmelzen und zufügen.

» Die Masse 1 Stunde kalt stellen, danach Kugerl formen und diese in Papierkapseln setzen.

Erdbeerlikör

Ein Likör, dem Naschkatzen ganz sicher 5 Sterne geben.

Zutaten:

- 400 ml Weingeist 96 %
- 500 g Erdbeeren
- 1250 ml H-Milch
- 520 g Zucker
- 80 g Hollerblütenzucker
- 3 TL Maizena

Zubereitung:

» Erdbeeren kurz waschen, vom Stielansatz befreien und vierteln. In ein vorbereitetes Glas geben und mit dem Alkohol vermischen. 1 Woche Ruhezeit, dazwischen öfters schütteln.

» Die Milch mit dem Zucker und dem Hollerblütenzucker zum Kochen bringen und 30 Minuten sanft köcheln lassen. Maizena mit etwas Wasser verrühren und zu der Milch geben. Verhindert das Ausflocken.

» Die Erdbeeren vom Alkohol trennen und mit der ausgekühlten Milch verrühren.

» In kleine Flaschen füllen und kühl aufbewahren. Hält leider nicht sehr lange – Suchtfaktor.

Lippenpflegestifte

Die Melisse ist momentan im Überfluss vorhanden.

Zutaten:

- 1 Bund Melisse
- 200 ml Olivenöl (von einer Kollegin bekam ich wirklich tolles Olivenöl)
- 40 g Bienenwachs
- eventuell einige Tropfen äth. Melissenöl

Zubereitung:

» Die Melisse klein schneiden und mit dem Öl vorsichtig erwärmen. Bei schwacher Hitze 30 Minuten ausziehen lassen. Ich mache das immer im Wasserbad. Nun mit dem Pürierstab zerkleinern und weitere 30 Minuten ziehen lassen. Durch ein Tuch drücken. Das Wachs zufügen. Hier nehme ich für die Stifte im Verhältnis 5:1, für einen Balsam 6:1. (das heißt 200 ml Öl = 40 g Bienenwachs für Stifte, für den Balsam 200 ml Öl = 33 g Bienenwachs).

Blutwurztinktur

Wie der Name schon sagt, wird hier die Wurzel verwendet.

Zubereitung:

» Gereinigt, klein geschnitten, mit Alkohol 50–70 % übergossen und 4 Wochen ausziehen gelassen. Danach filtern und in dunkle Fläschchen füllen. Beschriften.

» Bedenkt bitte immer, man braucht nicht Unmengen, ein kleines Gläschen genügt, da man Tinkturen ja nur tropfenweise einnimmt.

Anwendung:

» Die Blutwurztinktur ist gut für das Zahnfleisch, bei Durchfall und auch bei Bauchkrämpfen.

» Bei Bedarf mehrmals täglich 5 Tropfen mit Wasser verdünnt einnehmen. Kann man bei Zahnfleischentzündung auch für Mundspülungen verwenden.

Eine Tinktur, die ich immer in meiner Hausapotheke habe.

Rotöl

Am 24. Juni zu Johanni ist der Tag, an dem im Johanniskraut die meiste Kraft stecken soll. Nur ist das sowohl gegend- als auch wetterabhängig. Als Rotöl ist es aus unserer Hausapotheke nicht wegzudenken. Auch als Zutat in manchen Salben hilft es hervorragend. Herzustellen ist es ganz einfach, allerdings sollte man es kennen.

Zubereitung:

» Ich nehme den oberen Teil des Krautes, Blüten, Knospen und auch einige Blätter dürfen dabei sein. Drücke sie mit einem Mörser gut an und übergieße mit Öl. Man kann Olivenöl nehmen oder so wie ich Sonnenblumenöl aus der Region.

» In der 1. Woche das Glas nur mit einem Tuch abdecken (Schimmelgefahr), täglich schütteln. Ich lasse es bis zu Schulanfang stehen.

» Dann filtern und in dunkle Fläschchen abfüllen.

» Bei all den vielen Vorzügen, welche mein Lieblingsöl hat, bei Verbrennungen oder Sonnenbrand ist es meine erste Wahl.

Rotöl und Arnikatinktur dürfen in meiner Hausapotheke nicht fehlen.

Juli

Alles ist im Übermaß vorhanden. Man weiß gar nicht, wo man anfangen soll. Gut, ich beginne mit dem Zucchini

Zucchinicremesupperl mit Pusstawürstln

Zutaten:

- 1 Zwiebel, fein gehackt
- 2 Knoblauchzehen, fein gehackt
- etwas Öl
- ca. 500 g Zucchini, gewürfelt
- 2 Suppenwürfel
- 750 ml Wasser
- 2 EL glattes Mehl
- ½ Becher Sauerrahm
- 3 Stück Pusstawürstl
- Salz, Pfeffer

Zubereitung:

» Zwiebel und Knoblauch in Öl anschwitzen, etwas durchrösten. Zucchini zufügen, auch etwas mitrösten.

» Mit der Wasser-/Suppenwürfelsuppe aufgießen und 20 Minuten köcheln lassen. Mit Mehl und Sauerrahm binden.

» Würstln in Scheiben schneiden und kurz mitkochen. Mit Salz und Pfeffer nach Bedarf würzen.

» Dazu reiche ich frisches Brot.

Einkochen der Suppe

Bei einem Überangebot von Zucchinis ist auch Einkochen der Suppe eine Möglichkeit.

Zutaten für 5 Gläser:

- 2000 g Zucchini, würfelig geschnitten
- 3 Zwiebeln
- Knoblauch nach Wahl
- 4 Suppenwürfel
- 750 ml Wasser

Zubereitung:

» Alles in einen großen Topf geben und 20 Minuten köcheln lassen.

» Mit dem Pürierstab fein pürieren und in sterile 700-ml-Gläser füllen. Die Gläser verschließen und bei 100 °C 90 Minuten einkochen.

» Etikettieren und, wenn es einmal schnell gehen soll, ein Glas öffnen, erhitzen, mit Mehl und Sauerrahm binden und Würstchen hineinschneiden.

» Dazu eine Scheibe frisches Brot.

Lasagne, einmal anders

Schmeckt fantastisch.

Lasagne, einmal anders

Nachdem wir jährlich eine Zucchinischwemme haben, muss natürlich alles Mögliche ausprobiert werden. So ist eine Lasagne einmal anders geworden. Sie schmeckt himmlisch, also einfach ausprobieren.

Zutaten:

- 2 mittelgroße Zucchini, jede sollte ca. 500 g haben
- etwas Öl

Fleischsoße:

- 1 Zwiebel
- etwas Öl
- 500 g gemischtes Faschiertes
- 2 Knoblauchzehen
- 1 Glas (350 ml) Paradeisoße
- etwas Tomatenmark
- Paprika edelsüß
- 1 Suppenwürfel
- Salz, Pfeffer
- Bergbohnenkraut
- Majoran (in Gedenken an meine Großmutter „Magrau")

Bechamelsoße:

- 25 g Butter
- 50 g griffiges Mehl
- 500 ml Milch
- Käse, gerieben zum Bestreuen

Zubereitung:

» Die Zucchini längs mit der Brotschneidemaschine in 7 mm starke Scheiben schneiden. In Öl von beiden Seiten anbraten und auf einer Lage Küchenrolle abtropfen lassen.

» Die Zwiebel fein hacken und in Öl glasig anschwitzen. Das Faschierte kurz mitrösten, Knoblauch gehackt oder gepresst, Paprikapulver, Tomatenmark einrühren. Mit der Paradeissoße aufgießen, den Suppenwürfel und die Gewürze zugeben und 10 Minuten köcheln lassen. Vom Herd nehmen.

» Für die Bechamelsoße die Butter in einem Topf schmelzen, das Mehl einrühren und mit Milch aufgießen. Etwas einkochen lassen, bis die Masse eine dickliche Konsistenz hat.

» Nun die Hälfte der Zucchinischeiben in eine vorbereitete Form schlichten. Die Hälfte der Fleischsoße darüberstreichen und die Hälfte der Bechamelsoße. Dann kommen wieder Zuchinischeiben, die Fleischsoße, die Bechamelsoße. Zum Abschluss geriebenen Käse großzügig darüberstreuen.

» Im vorgeheizten Backrohr bei 190 °C ca. 30 Minuten backen.

Zucchinisalat mit Allerlei aus dem Garten

Wenn die Gartenernte reichlich ausfällt, muss man halt immer Neues probieren. Wenn es auch noch gut in der Familie ankommt, dann gebe ich das Rezept weiter. So ist das mit dem Zucchinisalat mit Allerlei aus dem Garten:

Zutaten:

- 3 kg gemischtes Gemüse, was gerade im Garten wächst: Zucchini, Paprika, Karotten, Zwiebel – getrennt in Schüsseln geben.

Zutaten Marinade:

- 1 Liter Apfelessig
- 400 ml Wasser
- 2 EL Salz
- 150 g Zucker
- Senfkörner
- Lorbeerblätter
- Pfefferkörner
- 1 ½ Pkg. Einmachhilfe

Zubereitung:

» Das Gemüse klein schneiden oder raspeln.

Zubereitung Marinade:

» Essig, Wasser, Salz, Zucker und die Gewürze 10 Minuten köcheln lassen. Dann zuerst die Karotten in die Marinade geben und 5 Minuten kochen, danach folgen die Paprika und 3 Minuten später die Zwiebel und Zucchini. Nun noch weitere 7 Minuten sanft kochen.

» Zuletzt die Einsiedehilfe in die nicht mehr kochende Masse einrühren und noch heiß in Gläser füllen.

Kohlrabicreme-Tascherl

Dazu passt die Nachspeise auf Seite 116.

Ein tolles Rezept, das ich als Vorspeise liebe.

Zutaten:

- 1 Kohlrabi
- ½ rote Zwiebel, fein gehackt
- Kräutersalz
- ein großer Schuss Schlagobers
- Butter
- Strudelteig
- Fett zum Ausbacken

Zubereitung:

» Zwiebel in Butter anschwitzen. Kohlrabi klein geschnitten dazugeben und mit etwas Obers aufgießen. 15 Minuten dünsten. Mit dem Pürierstab pürieren. Noch etwas Obers zufügen, dass eine schöne cremige Masse entsteht.

» Strudelteigblätter auflegen. In Streifen schneiden, etwas von der Kohlrabicremefülle daraufgeben und mit Hilfe der 90°-Regel einpacken.

» In Fett ausbacken, auf Küchenrolle etwas abtropfen lassen und mit Hasensalat (siehe Seite 97) servieren.

Gemüsemuffins

Zutaten für 12 Stück:

- 120 g Gemüse (was gerade wächst)
- 1 Handvoll Kräuter (Giersch, Vogelmiere, Schnittlauch)
- 100 g Selchfleisch
- 200 g glattes Mehl
- 1 Pkg. Backpulver
- 50 g Haferflocken
- 1 Ei
- 50 ml Öl
- 250 ml Buttermilch
- 200 g geriebener Käse
- Kräutersalz

Zubereitung:

» Das Gemüse putzen und fein raspeln. Kräuter hacken, Selchfleisch in kleine Würfel schneiden. Mehl, Backpulver, Haferflocken in eine Schüssel geben und mit Buttermilch, Öl, dem Ei und dem Käse verrühren.

» Danach das klein geschnittene Selchfleisch und das Gemüse samt den Kräutern einrühren. Würzen.

» In vorbereitete Muffinsform füllen und im vorgeheizten Rohr bei 160 °C ca. 25 Minuten backen.

» 10 Minuten ruhen lassen, aus der Form nehmen und verspeisen. Die Masse ergibt 12 Stück und sie schmecken sowohl warm als auch kalt.

Paradeissoße Extraklasse

Garten, Garten, Sommer ist gleich Einkochzeit. Im Winter sind wir dann froh über unsere Vorräte. So sind jetzt die Paradeiser dran. Die angeblich beste Paradeissoße ist die Paradeissoße Extraklasse.

Zubereitung:

» Paradeiser in Scheiben schneiden, Kerne wenn möglich entfernen. Auf ein Backblech legen. Dazu kommen Zwiebel geschält und in Ringe geschnitten, Paprika, Chilischoten entkernt und in Streifen geschnitten, sowie einige Scheiben Resi-Speck.

» Alles zusammen auf dem Blech verteilen. Nun für 40 Minuten bei 180 °C im Backrohr rösten. Darf ruhig etwas Farbe nehmen.

» Nach 30 Minuten noch Knoblauch und etwas Rosmarin dazugeben. Etwas auskühlen lassen und pürieren.

» Die Masse in Gläser füllen und 40 Minuten bei 100 °C einkochen.

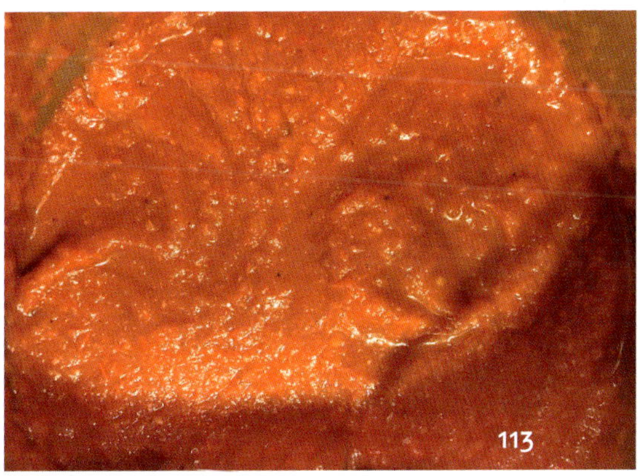

Waldaufstrich mit Eierschwammerl

Die ersten Eierschwammerl im Jahr sind ja immer die besten. Wenn es dann einmal ein bisschen mehr sind, geht sich auch ein Waldaufstrich mit Eierschwammerl aus.

Zutaten:

- 350 g Eierschwammerl
- 100 g Resi-Speck
- 1 EL Butter
- 1 große Zwiebel
- 150 g Topfen
- 3 EL Sauerrahm
- Paprika
- Dost
- Majoran
- Salz (ich habe Fichtenwipferlsalz genommen)

Zubereitung:

» Zwiebel fein gehackt in Butter anschwitzen. Speck, würfelig, dazu, dann die gereinigten Eierschwammerl. Alles ca. 10 Minuten dünsten, bis die Flüssigkeit verdampft ist.

» Auskühlen lassen. Dann in der Küchenmaschine ein bisschen durchmixen.

» Topfen, Rahm und Gewürze zufügen und genießen.

Senfgurken

Habt ihr schon einmal Senfgurken probiert, einfach gut.

Zutaten:

- 2 ½ kg Gurken
- 20 g Salz

Zubereitung:

» Die Gurken schälen, eventuell entkernen, in gefällige Stücke schneiden. Das Salz darüberstreuen und 1 Stunde stehen lassen.

» Danach im kochenden Wasser 2–3 Minuten blanchieren. Abseihen und in vorbereitete Gläser schichten.

Zutaten für die Marinade

- 500 ml Wasser
- 250 ml Essig
- 120 g Zucker
- 3 Lorbeerblätter
- 1 EL Senfkörner
- 1 EL Pfefferkörner
- 1 Zwiebel, klein geschnitten
- etwas Salz

Zubereitung:

» Alles in einen Topf geben und aufkochen. Noch heiß über die vorbereiteten Gurken im Glas gießen. Gläser verschließen und beschriften.

Daran denken, ein schönes Etikett veredelt das, was drinnen ist.

Senfgurken

Gurken mit Gemüse eingelegt

Wenn im Garten alles üppig vorhanden ist, dann ist Zeit für Vorratshaltung.

Zutaten:

- 1 ½ kg Gurken
- Paprika
- Zwiebel

Zubereitung:

» Gurken halbieren, entkernen und in gefällige Stücke schneiden. Paprika und Zwiebel auch schneiden, sollte in etwa die gleiche Menge sein wie die Gurken, also 1 ½ kg.

» Das Gemüse mischen, salzen und 4 Stunden stehen lassen.

Gurken mit Gemüse eingelegt

Zutaten für die Marinade:

- 500 ml Apfelessig
- 350 ml Apfelsaft
- 350 ml Wasser
- 6 EL Honig
- 250 g Zucker
- 3 EL Senfkörner
- 3 EL Pfefferkörner
- Lorbeer
- eventuell Neugewürz und Kurkuma

Zubereitung:

» Das Gemüse abtropfen lassen und in Gläser schlichten. Die Zutaten der Marinade 3 Minuten kochen lassen und heiß über das vorbereitete Gemüse im Glas gießen.

» Wir lassen 1 cm Rand frei, verschließen die Gläser und lassen den Inhalt 1 Monat reifen.

Apfelmus, gepaart mit Hollerjoghurt und garniert mit Blütenkeksen

Zutaten:

- Apfelmus
- Hollerblütenmarmelade
- Joghurt

Zubereitung:

» Apfelmus der Marke Eigenbau, Hollerblütenmarmelade Marke Eigenbau. Die Marmelade mit dem Joghurt vermischen.

» Schichtweise Joghurt und Apfelmus in kleine Gläser füllen. Joghurt, Apfelmus, Joghurt und als Garnitur ein Blütenkeks.

Dazu passt die Vorspeise auf Seite 111.

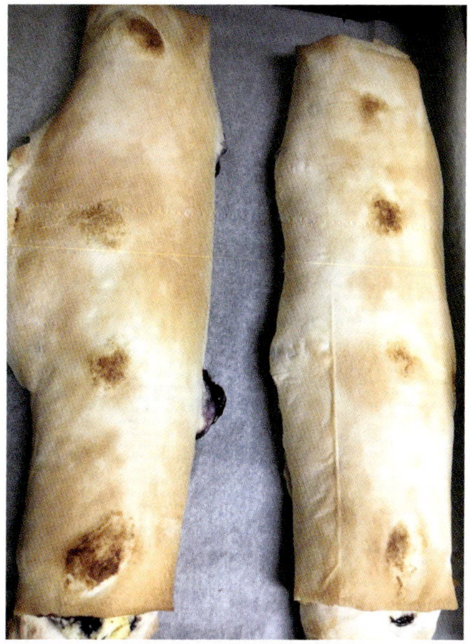

Heidelbeer-Topfen-Traum

Was ich immer aus der Steiermark nach Hause bringe, sind Heidelbeeren. Da gibt es zu Hause einen Heidelbeer-Topfen-Traum.

Zutaten:

- Strudelteig, entweder selbst gezogen oder wenn es schnell gehen soll, auch einmal ein Fertigteig

Zutaten Fülle:

- ½ kg Topfen 20 %
- 4 Eier (trennen)
- 100 g Staubzucker
- 2 KL Rosenzucker
- 80 g weiche Butter
- 1 Pkg. Vanillepuddingpulver
- Heidelbeeren

Einfach ein Gedicht.

Zubereitung:

» Für die Fülle die Eiklar zu Schnee schlagen. Butter, Zucker, Rosenzucker und die Dotter gründlich aufschlagen. Dann den Topfen und das Puddingpulver sanft einrühren. Zuletzt den Schnee unterheben.

» Nun den vorbereiteten Teig auflegen. ⅔ davon mit der Fülle bestreichen, die Heidelbeeren darauf verteilen und einrollen.

» Im vorgeheizten Backrohr bei 180 °C ca. 20 Minuten backen.

» Mit Staubzucker bestreut servieren.

Weingartenpfirsichröster

Von einer lieben Freundin habe ich Weingartenpfirsiche bekommen, die mussten natürlich verarbeitet werden.

Zutaten:

- 1½ kg Weingartenpfirsiche
- 1 Zitrone
- 350 g Feinkristallzucker
- 3 EL Wasser

Zubereitung:

» Pfirsiche schälen, entkernen, klein schneiden. Mit dem Saft der Zitrone beträufeln, Zitronenschale und den Zucker zufügen. Alles in einem Topf 1 Stunde ruhen lassen. Von Zeit zu Zeit umrühren.

» Das Wasser zufügen und auf kleiner Flamme 10–12 Minuten köcheln lassen.

» Heiß in sterile Gläser füllen und verschließen.

„Traum von Apfelmus!"-Torte

„Traum von Apfelmus!"-Torte

Im Garten steht ein uralter Apfelbaum. Unmengen von meistens wurmigen Äpfeln hängen daran und fallen auch ins Gras. Im Garten regieren auch unsere Hühner. Sie mögen Äpfel, aber nur dann, wenn ich sie ihnen vorbereite. So sammle ich halt jeden Tag, mache Unmengen von Apfelmus und Kuchen und probiere Verschiedenes.

Zutaten Teig:

- 150 g glattes Mehl
- ½ Pkg. Backpulver
- 150 g Butter
- 3 Eier
- 100 g Staubzucker

Zutaten Apfelmuseinlage:

- 700 g Apfelmus
- 1 Pkg. Vanillepuddingpulver
- 50 ml Milch
- 2 TL Maizena

Zutaten Decke:

- 300 g = 2 Becher Crème fraîche
- 300 g Sauerrahm
- 50 g Staubzucker
- 3 Eier, getrennt in Dotter und Eiklar

Zubereitung:

» Zuerst den Teig zubereiten. Butter mit Zucker sehr schaumig rühren und dann nach und nach die Eier einrühren. Darauf achten, dass die Eier und die Butter nicht frisch aus dem Kühlschrank kommen. Dann das mit Backpulver versiebte Mehl einrühren.

» In eine vorbereitete Tortenform streichen und bei 175 °C 15 Minuten backen. Auskühlen lassen.

» Dann das Apfelmus in einen Topf geben und nochmals erhitzen. Das Puddingpulver und Maizena mit der Milch verrühren und in das Apfelmus einrühren. Kurz aufkochen lassen. Auskühlen lassen.

» Dann die Crème fraîche und den Sauerrahm mit dem Zucker und den Eidottern verrühren. Die Eiklar zu Schnee schlagen und zu der Dottermasse geben.

» Das Apfelmus auf den vorgebackenen Kuchenboden streichen.

» Die Deckenmasse darübergeben und bei 175 °C ca. 40 Minuten backen. Erst wenn der Kuchen ganz erkaltet ist, aus der Form nehmen.

» Nach einiger Zeit im Kühlschrank kann das Prachtstück dann angeschnitten werden.

Marillen-Schoko-Kuchen

Marillen, Marillen, Marillen, da muss ein Kuchen natürlich gemacht werden.

Zutaten:

- 380 g glattes Mehl
- 1 Pkg. Backpulver
- 300 g Staubzucker
- 2 EL Hollerzucker
- etwas geriebene Zitronenschale
- 5 Eier
- 250 g zerlassene Butter
- 4 EL Wasser
- 150 g erweichte Bitterschokolade
- ca. 1 kg Marillen, gewaschen und entkernt

Zubereitung:

» Eier mit Staubzucker, Hollerzucker, Zitronenschale, zerlassener Butter und Wasser schaumig rühren. Immer darauf achten, dass die Zutaten die gleiche Temperatur haben.

» Dann die geschmolzene Schokolade einrühren und zuletzt das mit Backpulver vermischte Mehl.

» Auf ein mit Backpapier belegtes Blech streichen und mit den halbierten oder geviertelten Marillen, die Schnittfläche zeigt nach oben, belegen.

» Im auf 160 °C vorgeheizten Backrohr ca. 45 Minuten backen (Stäbchenprobe).

Wir lieben dieses Essen.

Auszogener Apfelstrudel

Kläräpfel sind ja eine ganz eigene Sorte, ich mag sie ganz besonders. Da ich wieder einmal einen Kübel voll als Geschenk bekam, hieß das natürlich: Auszogener Apfelstrudel und Zupfnockerlsuppe siehe Seite 147.

Zutaten für den Teig:

- 300 g glattes Mehl
- 170 g lauwarmes Wasser
- 40 g Öl
- 1 Prise Salz

Zutaten für die Fülle:

- 1½ bis 2 kg Äpfel
- Rosinen, in Rum eingeweicht
- Zucker nach Geschmack
- etwas Zitronensaft
- Butter
- Bröseln
- Zimt
- eventuell einige Walnüsse

Zubereitung Teig:

» Aus den Teigzutaten einen geschmeidigen Teig kneten. Auf ein bemehltes Brett legen, mit Öl bestreichen und mit einer warmen Schüssel zugedeckt 30 Minuten rasten lassen.

» In der Zwischenzeit ein bemehltes Tuch vorbereiten. Den Teig darauflegen, zuerst mit dem Nudelwalker etwas ausrollen, danach mit den Handrücken in die gewünschte Form ziehen. Man kann den Teig ganz lassen und einen großen Strudel machen, welchen man dann in U-Form auf das Blech legt, oder den Teig in zwei Teile teilen und zwei Strudel in Backblechlänge formen.

» Wenn ich den Teig auf der Unterlage so weit gezogen habe, dass ich darunter eine Zeitung lesen könnte, dann schneide ich die dicken Ränder weg (Zupfnockerlsuppe).

» Die Äpfel werden gewaschen, geviertelt, vom Kerngehäuse befreit und in dünne Scheiben gehobelt. Mit Zucker, Zitronensaft, Zimt und den Rumrosinen vermischen.

» Die Brösel werden in der Butter angeröstet. Die ausgekühlten Brösel auf den gezogenen Teig streuen, wobei seitlich und an der Oberseite etwas frei bleibt. Darauf kommt dann die vorbereitete Apfelmischung.

» Mit Hilfe des Tuches wird nun der Strudel eingerollt. Auf das vorbereitete Blech platziert, mit zerlassener Butter bestrichen und bei 180 °C ca. 35 Minuten goldgelb gebacken.

» Zum Servieren mit Staubzucker bestreuen.

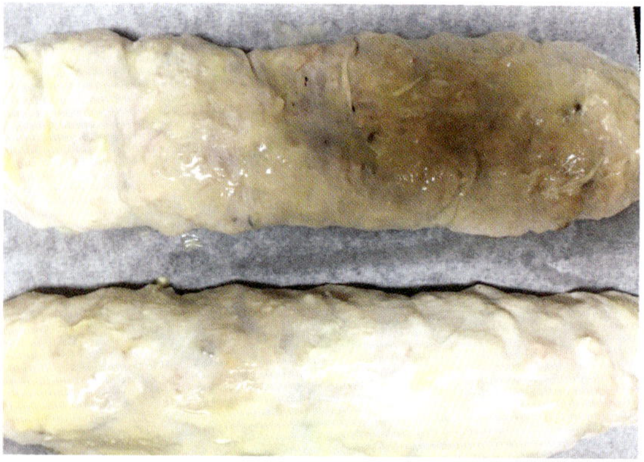

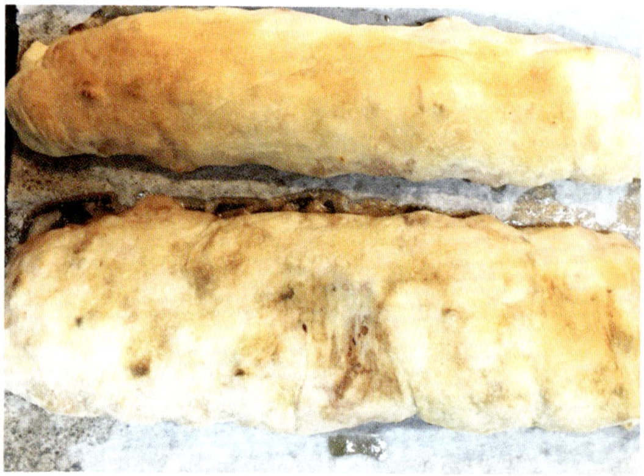

Ribiselessig

Wir haben natürlich auch Ribiseln im Garten und habe ich im Mai schon den Hollerblütenessig vorgestellt, möchte ich euch jetzt den Ribiselessig schmackhaft machen.

Zutaten:

- 200 g rote Ribisel
- 500 ml Weißweinessig

Zubereitung:

» Ribisel gewaschen und abgezupft gemeinsam mit dem Essig aufkochen und 3 Minuten kochen lassen. Die Beeren ein bisschen anquetschen. Nun durch ein feines Sieb seihen, die Beeren noch etwas drücken und heiß in sterile Flaschen füllen.

Himbeeressig

Gleich noch einmal Essig.

Zutaten:

- 250 g Himbeeren
- 500 ml Apfelessig naturtrüb

Zubereitung:

» Alles zusammen in ein Glas geben und 2 Wochen zuwarten. Täglich besuchen und schütteln. Dann durch ein feines Sieb laufen lassen und danach in kleine Flaschen füllen. Beschriften nicht vergessen.

Kriacherlmarmelade

Zubereitung:

» Aufkochen und passieren, wie beim Sirup beschrieben.

Abmessen der Fruchtmenge:

» 1000 g Fruchtmus = 500 g Gelierzucker 2:1. Heiß abfüllen und etikettieren.

» Schöne Etiketten werten Selbstgemachtes noch um einiges auf.

Aus dem Sirup können dann auch noch Gummibärchen hergestellt werden.

Kriacherlsirup

Die Nachbarin weiß, dass ich alles verwerte, und so bekomme ich auch von dieser Seite immer wieder etwas für die Vorratshaltung. Zum Beispiel Kriecherl. Diesmal habe ich Kriacherlsirup gemacht.

Zutaten:

- 1½ kg Kriecherl
- 750 ml Wasser
- gleiche Menge Zucker wie Saft (1000 ml Saft = 1000 g Zucker)
- 2 EL Zitronensäure

Zubereitung:

» Kriecherl mit Wasser zustellen. Ca. 20 Minuten köcheln lassen. Abseihen und die Früchte passieren. Entweder durch die flotte Lotte drehen oder man hat auf der Küchenmaschine einen Aufsatz.

» Mit der gleichen Menge Zucker wie Saft und Zitronensäure aufkochen. Es entsteht Schaum, diesen abschöpfen.

» Noch heiß in sterile Fläschchen füllen. Verdünnt genießen.

Wiesenköniginnen-Sirup

Das Mädesüß. Die Wiesenkönigin. Ich liebe sie. Ihren Duft, ihren Wuchs, ihren Namen und natürlich ihre Inhaltsstoffe und was man mit ihr alles machen kann. Sirup – mein Wiesenköniginnen-Sirup.

In der Steiermark wächst die Königin ja sehr üppig und meistens mache ich den Sirup gleich vor Ort. Da ich natürlich keine Flaschen mithabe, ist der erste Weg der ins Lagerhaus. Dann kann es auch schon losgehen.

Zutaten:

- 4 Handvoll Mädesüßblüten (wir lassen sie eine Weile auf einem weißen Tuch liegen, damit sich kleine Tiere entfernen können)
- 1½ l Wasser
- 1½ kg Zucker
- 3 Bio-Zitronen mit verzehrbarer Schale
- 1 EL Zitronensäure

Zubereitung:

» Zucker und Wasser aufkochen. Die Blüten, den Saft und die Schale der Zitronen sowie die Zitronensäure in ein großes Glas geben, mit dem Zuckerwasser übergießen und für 2–3 Tage kühl stellen.

» Öfters umrühren. Danach abseihen und in ausgekochte Flaschen füllen.

» Beschriften nicht vergessen.

Schafgarbensirup

Die Schafgarbe wächst überall, ist immer da, wenn wir sie brauchen, und ist für so manches Wehwehchen hilfreich.

Zutaten:

- 750 g Zucker
- 750 ml Wasser
- 2 Handvoll Schafgarbe, Blüten und Blätter gemischt
- 2 Bio-Zitronen
- eventuell als Farbtupfer einige Rosen- oder Malvenblüten

Zubereitung:

» Zucker und Wasser vermischen und zum Kochen bringen. 5 Minuten sprudelnd kochen lassen. Etwas auskühlen lassen, dann die Schafgarbenblüten und -blätter damit übergießen.

» Eine in Scheiben geschnittene Zitrone dazugeben und über Nacht ziehen lassen.

» Am nächsten Tag filtern, den Saft der zweiten Zitrone dazugeben und nochmals aufkochen. Dann abfüllen. Mit Wasser verdünnt genießen.

Sehnen-und-Gelenks-Retter

Wieder einmal Salbe gerührt. Ich mache es ja sehr gerne, aber Gottseidank brauche ich nicht so viel. Salbe machen ist ja sehr einfach: verschiedene Ölauszüge und Bienenwachs.

Zutaten:

- 100 ml Beinwellöl
- 100 ml Salomonssiegelöl
- 25 ml Rotöl (Johanniskrautöl)
- 25 ml Arnikaöl
- 25 g Bienenwachs

Zubereitung:

» Alles im Wasserbad unter Rühren sanft erwärmen (max. 60 °C).

» Wenn das Wachs geschmolzen ist, noch ein wenig weiterrühren und dann die Salbe in sterile, kleine Gläser füllen.

August

Der August ist sowohl von der Gartenarbeit als auch von der Verarbeitung der Gartenschätze und Kräuter ein sehr arbeitsintensiver Monat.

Nachdem wir immer auch einige Tage in St. Jakob im Walde verbringen, kommen auch die Schwammerl auf unserem Speiseplan zu ihrem Recht.

Geröstete Eierschwammerl mit Ei

Eines unserer Lieblingsrezepte. Das Rezept ganz einfach:

Zutaten:

- Eierschwammerl
- 1 kleine, fein gehackte Zwiebel
- Öl
- Salz, Pfeffer
- Petersilie, klein gehackt
- 4 Eier

Zubereitung:

» Die Eierschwammerl kurz durchputzen, größere schneiden und zusammen mit einer kleinen, fein gehackten Zwiebel in etwas Öl anrösten. Unter Rühren so lange dünsten, bis sich die Flüssigkeit verflüchtigt hat.

» Nun salzen, pfeffern, klein gehackte Petersilie dazugeben. Vier in einem Glas zuvor durchgequirlte Eier darübergießen und stocken lassen.

» Mit frischem Bauernbrot serviert, der absolute Hammer.

Eierschwammerl eingelegt

Bei einem Übermaß an Eierschwammerln kann man diese auch einlegen. Wir nehmen möglichst kleine, schön geputzte Eierschwammerl und eine Marinade.

Zutaten für die Marinade:

- 1 l Essig
- 500 ml Wasser
- schwarze Pfefferkörner
- 5 Zehen Knoblauch
- Koriander
- 3 Wacholderbeeren
- 5 TL Salz

Zum Einlegen:

- 500 ml Öl
- Thymian
- Zitronenschale

Zubereitung:

» Die Zutaten für die Marinade in einen Topf geben und aufkochen. Anschließend abseihen. Die sauberen Pilze kurz darin ziehen lassen.

» Abseihen und in kleine Gläser geben. Thymian und Zitronenschale dazu und mit auf 75 °C erhitztem Öl vorsichtig übergießen.

» Gläser verschließen, etikettieren und kühl aufbewahren.

Knoblauchcreme-Suppe

Knoblauchcreme-Suppe

Zutaten:

- Öl
- Mehl
- Knoblauch
- 2 Eckerl Schmelzkäse
- 2 Suppenwürfel
- 100 ml Cremefine zum Schlagen
- Brotchips

Zubereitung:

» Aus dem Öl und dem Mehl eine helle Einmach bereiten, den gepressten Knoblauch kurz mitrösten. Mit Wasser aufgießen, die Suppenwürfel zufügen und unter Rühren aufkochen.

» Die Käseeckerl darin schmelzen und noch einige Minuten köcheln. Vom Herd nehmen, Cremefine dazugeben und mit dem Stabmixer aufschäumen.

» Mit Brotchips oder gerösteten Brotwürferl servieren.

» Den Knoblauch haben wir selbst und die Brotchips, wie schon im April auf Seite 98 beschrieben, sind eine gute Resteverwertung von Altbrot.

Ich nehme am liebsten unjodiertes Steinsalz ohne Rieselhilfe. Dann bleibt die Paste schön weiß.

Knoblauchpaste

Falls man viel Knoblauch hat, kann man sich eine Paste machen. Sie ist schnell produziert und mein Rezept für die Knoblauchpaste ist einfach.

Zutaten:

- 500 g frischer geschälter Knoblauch
- 250 g Salz, unjodiert

Zubereitung:

» Knoblauch und Salz in der Küchenmaschine fein pürieren.

» Dann in kleine Gläser füllen, aufpassen, dass keine Luftblasen entstehen. Immer wieder das Glas aufklopfen oder mit einem Stäbchen nachstupfen. Was aber ganz **wichtig** ist, unjodiertes Salz verwenden.

Schweinskoteletts
mit Polentaschnittchen, Bärlauchpesto und Eierschwammerl in Rahmsoße

Ein weiteres Rezept, das in meiner Familie nicht fehlen darf.

Zutaten für 4 Personen:

- Schweinekoteletts ausgelöst (4 zu ca. 150 g) (ich nehme immer Minutensteaks)
- 250 g Eierschwammerl
- 100 g Polenta
- 500 ml Milch
- 120 g Sauerrahm
- Bärlauchpesto
- Salz, Pfeffer
- Öl
- Kokosfett

Zubereitung:

» Milch aufkochen, Polenta einrühren und dicklich einkochen.
80 g Sauerrahm einrühren. Auf ein Blech streichen und erkalten lassen. Dann in Schnitten schneiden.

» In der Zwischenzeit die Eierschwammerl in etwas Butter anschwitzen, Petersilie zufügen und mit dem restlichen Sauerrahm binden.

» Die Polentaschnittchen in Kokosfett herausbacken, mit den Schwammerln und dem Pesto anrichten.

» Die Minutensteaks mit Salz und Pfeffer würzen, auf einer Seite in Mehl tunken und in heißem Öl kurz anbraten.

» Zusammen mit den Eierschwammerln, den Polentaschnittchen und dem Pesto servieren.

Krautsalat auf Vorrat

Wenn es im Winter dann schnell gehen muss und es ja ohnehin wenig Auswahl gibt, dann greifen wir in unsere Vorratskammer.

Zutaten:

- 1 Happel Weißkraut (1 Kopf Weißkohl), ca. 1½ kg
- 3 Karotten (Möhren)

Marinade:

- 500 ml Apfelessig
- 500 ml Wasser
- 3 EL Zucker
- 2 EL Salz
- 1 EL Pfefferkörner
- 1 EL Senfkörner
- etwas gemahlener Kümmel

Zubereitung:

» Den Krautkopf teilen, den Strunk entfernen und das Kraut fein hobeln. Die Karotten schälen und fein raspeln. Alles zusammen in einer großen Schüssel vermischen und dann in Einmachgläser füllen.

» Nun die Marinade kochen. Den Apfelessig und das Wasser zusammen mit Zucker, Salz, Pfefferkörnern, Senfkörnern und dem gemahlenen Kümmel zum Kochen bringen und noch heiß in die Gläser mit der Karotten-Krautmischung gießen.

» Die Gläser verschließen und etikettieren, nun 2 Wochen warten.

Variante 2:

» Die Gläser bei 100 °C 30 Minuten einkochen. Die Haltbarkeit ist um einiges länger. Die Gläser sollten steril sein, die Deckel ausgekocht.

Karottengrünes Pesto

Zutaten für 3 kleine Gläser:

- 1 schöner Bund Karottengrün (Kräuterkundige verwenden das Grün der Wilden Möhre)
- 4 Knoblauchzehen
- Saft einer ½ Zitrone
- Pfeffer
- 1 TL Salz
- 125 g Cashewkerne
- 125 ml Olivenöl
- etwas Öl zum Bedecken

Zubereitung:

» Alles außer dem Öl in einen Mixer geben und kräftig durchmixen. Dann in 3 Etappen das Öl zufügen.

» In kleine Gläser füllen und mit Öl bedecken. Im Kühlschrank aufbewahren.

Mini-Weckerl, mit Samen bestreut

Etwas, das schnell geht, wenn sich überraschend Besuch ansagt.

Zutaten:

- 500 g glattes Mehl
- 10 g Germ
- Kräutersalz
- 300 ml lauwarme Milch
- 50 g Butter, zerlassen
- Brennnesselsamen
- Breitwegerichsamen
- Sesam

Zubereitung:

» Aus den Zutaten einen Germteig bereiten und diesen 30 Minuten zugedeckt gehen lassen.

» Den Teig in 20 Teilchen teilen, jedes Teil hat ca. 40 g, und zu Kugeln schleifen. Auf ein mit Backpapier belegtes Blech setzen, mit Wasser besprühen und mit Samen bestreuen. Zugedeckt noch einmal 15 Minuten gehen lassen.

» Inzwischen das Backrohr auf 200 °C vorheizen. Einen leeren Topf mit hineinstellen. Das Blech mit den Mini-Weckerln einschieben und heißes Wasser zur Dampfgewinnung in den leeren Topf gießen.

» 15 Minuten backen.

Mir machen diese Mini-Weckerl immer große Freude, denn sie sind schnell fertig, schmecken gut und bei den Aufstrichen kann man variieren, so hat man immer einen kleinen Snack zur Hand.

Linsenaufstrich mit Kräutern

Nochmals ein Linsenaufstrich. Einen hatten wir schon im April siehe Seite 69, aber Linsenaufstrich geht immer. Je nach Jahreszeit und je nachdem, welche Kräuter wir verwenden, schmeckt er immer ein bisschen anders.

Zutaten:

- 1 Tasse rote Linsen
- 2 Tassen Wasser
- 100 g Butter
- 1 TL Senf
- 1 TL Kräutersalz
- 1 TL Honig
- 2 TL gehackte Frühlingskräuter
- 2 Messerspitzen Paprika
- etwas Pfeffer
- Knoblauch
- Kräuterbutter (Gundelrebe, Weingartenlauch, Gänseblümchen, Portulak, Petersilie, Schnittlauch, Kerbel)

Zubereitung:

» Linsen mit 2 Tassen Wasser aufkochen, 5 Minuten köcheln lassen und ausquellen lassen.

» 100 g Butter schaumig rühren und mit Senf, Kräutersalz, Honig, gehackten Frühlingskräutern würzen, mit Paprika, etwas Pfeffer, Knoblauch macht sich auch ganz gut, mischen.

» Die lauwarmen Linsen pürieren und mit der Kräuterbutter mischen. Als Kräuter eignen sich Gundelrebe, Weingartenlauch, Gänseblümchen, Portulak, aber man kann auch Petersilie, Schnittlauch und Kerbel verwenden.

Zucchini-Sesam-Aufstrich

Weil Zucchinizeit ist.

Zutaten:

- 1 größere Zucchini von ca. 500 g
- 2 Knoblauchzehen
- Saft einer ½ Zitrone
- Sesam
- etwas Olivenöl
- ½ Becher Crème fraîche
- Salz, Pfeffer
- Paprika
- Chilipulver

Zubereitung:

» Zucchini waschen, abtrocknen und in Scheiben schneiden. Auf ein mit Backpapier belegtes Blech legen, mit Kräutersalz bestreuen. In das auf 180 °C vorgeheizte Backrohr schieben und 30 Minuten backen. Bei Halbzeit bitte wenden. Ausgekühlt, mit den übrigen Zutaten außer der Crème fraîche in den Mixer geben und cremig mixen. Zum Schluss die Crème fraîche einrühren und abschmecken.

Dieser Aufstrich passt hervorragend zu den Mini-Weckerln.

Zucchini, im Backteig versteckt mit Knoblauchrahm

Zutaten:

- 1 mittelgroße Zucchini von ca. 500 g
- Salz, Pfeffer
- Knoblauch

Für den Teig:

- 3 Eier
- ½ Becher Cremefine
- glattes Mehl
- 50 g geriebener Käse
- Salz
- eventuell etwas Milch
- Fett zum Ausbacken

Knoblauchrahm:

- 1 Becher Rahm
- 1–2 Knoblauchzehen
- Salz, Pfeffer

Zucchini, Zucchini, Zucchini. Auch im Backteig versteckt, lässt sich eine tolle Zucchinileckerei herstellen.

Zubereitung:

» Zucchini in ca. 7 mm starke Scheiben schneiden. In eine Schüssel geben, salzen, pfeffern und 3–4 zerdrückte Knoblauchzehen dazugeben. 15 Minuten ziehen lassen. Inzwischen den Teig zubereiten. Alle Zutaten mit dem Quirl verrühren. Der Teig soll nicht zu flüssig sein. Die Zucchinischeiben aus der Schüssel nehmen und auf eine Küchenrolle legen. Dann jede Scheibe erst in Mehl wenden, durch den Backteig ziehen und in heißem Fett ausbacken. Auf der Küchenrolle abtropfen lassen.

» Für den Knoblauchrahm 1 Becher Rahm mit zerdrücktem Knoblauch, Salz und Pfeffer verrühren. So wie es einem schmeckt.

» Zu den Zucchini im Backteig servieren.

Paradeiser,
passiert und eingekocht

Bei einer Paradeiserschwemme ist es immer gut einige Rezepte parat zu haben. Am einfachsten haltbar zu machen sind sie ja, wenn man sie kocht, passiert und einrext.

Zubereitung:

» Paradeiser waschen, klein schneiden und in einen Topf geben. Einen Schuss Öl dazu, auf den Herd stellen und 30–40 Minuten köcheln lassen. Öfters umrühren. Danach kurz mit dem Stabmixer durchfahren und durch ein Passiersieb streichen. Die aufgefangene Masse noch einmal aufkochen und in sterile Gläser füllen. Die Gläser verschließen und im Wasserbad bei 100 °C 30 Minuten einkochen. Abgedeckt auskühlen lassen, danach etikettieren.

Im Winter kommen uns die Vorräte zugute und wir können aus dem Vollen schöpfen.

Bei Fisolen ist es manches Mal von Vorteil, wenn man ein zweites Mal einkocht, dann ist man auf der sicheren Seite.

Fisolen
eingekocht

Auch Fisolen sind im Übermaß vorhanden und auch sie werden für den Winter haltbar gemacht.

Zubereitung:

» Die Fisolen vorbereiten, das heißt, waschen, von den Enden befreien, eventuelle Fäden entfernen und in gefällige Stücke schneiden.

» Danach 3–5 Minuten in kochendem Wasser blanchieren. Abseihen und in sterile Gläser füllen.

» Das kochende Wasser, welchem Salz und ein Schuss Essig zugefügt wurden, bis 1 cm unter den Rand füllen.

» Gläser verschließen und in einem Topf, die Gläser sollen bis zur Hälfte in Wasser stehen, bei 90–100 °C 60 Minuten einkochen.

Hexenhonig

Auch der Rote Holler lädt zum Pflücken ein. Diesmal habe ich mir einen Hexenhonig gemacht. Er schmeckt so gut, dass ich sehr sorgfältig damit umgehe. Ich hatte eine Milchkanne voll der roten Dolden, gerebelt waren es dann 900 g.

Zutaten für 4 kleine Gläser:

- 900 g Roter Holler
- 1 Scheibe Zitrone
- gleiche Menge Zucker wie Saft

Zubereitung:

» Den Holler waschen und mit Wasser zustellen, eine in Scheiben geschnittene Zitrone zufügen und 30 Minuten kochen. Über Nacht dann zugedeckt ziehen lassen.

» Am nächsten Tag abseihen und gut abtropfen lassen. Abmessen und mit der gleichen Menge Zucker wie Saft zustellen und ungefähr 90 Minuten köcheln lassen.

Dirndlaufstrich

Manchmal, wenn die Dirndln schon im August reif sind, dann muss ein Dirndlaufstrich her. Habe ihn einmal in einem Lokal serviert bekommen, leider ohne Rezept, dann musste halt wieder experimentiert werden, so lange bis es schmeckte.

Zutaten:

- 1 Pkg. Topfen = 250 g
- ½ Becher Sauerrahm
- 1 kleines Glas Oberskren
- Salz und Pfeffer
- 15 Dirndln, reif, entkleidet und gedrückt (was so viel heißt wie: Sie müssen vom Strauch gefallen sein, entkernt werden und danach mit einer Gabel zerdrückt)

Zubereitung:

» Alle Zutaten gut miteinander vermischen. Abschmecken – einfach gut.

Blütenherzerl

Noch was Süßes.

Zutaten:

- 380 g glattes Mehl
- 170 g Butter
- 125 g Staubzucker
- 2 Eier

zum Verzieren:

- verschiedene Kuvertüren
- Blütenzuckermischung

Zubereitung:

» Aus den Teigzutaten einen Teig bereiten, in Frischhaltefolie wickeln und 30 Minuten kalt stellen. Teig aus dem Kühlschrank nehmen, auswalken und Herzerl ausstechen.

» Auf ein vorbereitetes Blech legen und im vorgeheizten Backrohr bei 175 °C ca. 15 Minuten backen. Auskühlen lassen.

» Weiße oder andere Kuvertüre im Wasserbad schmelzen und die Herzerl zur Hälfte eintauchen. Auf ein mit Backpapier belegtes Blech legen und die Kuvertürehälften mit dem Blütenzucker bestreuen.

Versteckerl-Muffins

Auch Heidelbeeren liebe ich sehr, obwohl das Pflücken von Jahr zu Jahr mühsamer wird. Ich setze sie mit Wodka an, friere sie ein, damit ich auch das Jahr über mich und meine Lieben damit verwöhnen kann.

Zutaten Teig für 12 Muffins:

- 180 g glattes Mehl
- ½ Pkg. Backpulver
- 1 Prise Salz
- 100 g weiche Butter
- 100 g Staubzucker
- 2 Eier
- Rosenblütenzucker
- 125 ml Milch

Zusätzlich:

- 130 g Heidelbeeren, mit Zucker vermischt
- ¼ Pkg. Vanillepuddingpulver

Obendrauf:

- 250 ml Schlagobers
- 1 EL Veilchensirup
- Blüten zum Verzieren

Zubereitung:

» Heidelbeeren mit Zucker nach Geschmack vermischen und mit einigen Löffeln Wasser kurz dünsten. Puddingpulver mit 2 EL Wasser glatt rühren und die Beeren damit binden. Abkühlen lassen.

» Aus den Teigzutaten einen Teig rühren. Die Muffinsformen damit zur Hälfte befüllen, etwas von den Heidelbeeren darauf und mit Teig abdecken.

» Im vorgeheizten Backrohr bei 175 °C 15–20 Minuten backen.

» Mit dem mit Veilchensirup gewürzten Schlagobers verzieren.

Ein guter Tipp vorweg: Nicht in Papierförmchen backen – pickt.

Schneller Heidelbeerkuchen

Wenn man, so wie wir, oft in der Steiermark ist, dann müssen auch die Heidelbeeren aus der Steiermark sein.

Zutaten:

- 400 g glattes Mehl
- 1 Pkg. Backpulver
- 200 g Butter
- 200 g Zucker
- 1 Pkg. Vanillezucker
- 3 Eier
- etwas Rum
- 250 g Joghurt
- 250 g Heidelbeeren (Ich hatte Heidelbeeren in Wodka angesetzt und nach dem Filtern diese genommen.)

Zubereitung:

» Alle Zutaten miteinander verrühren und zum Schluss die Heidelbeeren unterheben.

» Bei 170 °C ca. 30 Minuten backen.

Linzertorte mit Brennnesselsamen

Brennnesselsamen, mein Powerfood, das werdet ihr ja sicher schon gemerkt haben. Ich verwende sie andauernd.

Zutaten:

- 300 g Butter
- 300 g Mehl
- 150 g Zucker
- 3 Dotter
- 100 g geriebene Nüsse
- 50 g gemahlene Kürbiskerne
- geriebene Zitronenschale
- 3 EL leicht geröstete Brennnesselsamen
- 1 Prise Salz
- Marmelade

Zubereitung:

» Butter, Zucker, Salz, Brennnesselsamen und das Eigelb schaumig rühren. Mehl, Nüsse, Kürbiskerne und Zitronenschale unterheben.

» ⅔ des Teiges in eine Tortenform geben und glatt streichen. Marmelade nicht zu dünn darauf verteilen und das restliche Teigdrittel mit Hilfe eines Dressiersackes als ein Gitter aufspritzen.

» Im vorgeheizten Backrohr bei 180 °C ca. 50 Minuten backen.

» Noch warm mit Staubzucker und Brennnesselsamen bestreuen.

Schoko-Kirsch-Kuchen mit Schwips

Zutaten Teig:

- 3 Eier
- 75 g Staubzucker
- 1 Prise Salz
- 80 g glattes Mehl
- 1 EL Kakaopulver

Zutaten Fülle:

- 1 Glas Kirschen
- 6 Blatt Gelatine
- 200 ml Cremefine zum Schlagen
- 200 g Joghurt
- 50 g Staubzucker
- 100 ml Kletzerl (alternativ ein anderer Cremelikör)

Zutaten Guss:

- 150 g Kuvertüre
- 50 g Kokosfett
- 50 ml Cremefine zum Schlagen

Zubereitung:

» Für das Biskuit die Eier mit einer Prise Salz und dem Zucker sehr cremig schlagen. Dann das mit dem Kakaopulver vermischte Mehl unter die Eimasse rühren.

» In eine vorbereitete Form füllen und bei 175 °C ca. 25 Minuten backen. Ausgekühlt waagrecht durchschneiden.

» Die Kirschen aus dem Glas leeren und abtropfen lassen. Gelatine einweichen. Joghurt, Zucker und den Likör verrühren. Gelatine ausdrücken und mit 2 EL der Joghurtmasse verrühren. Dann zu der übrigen Joghurtmasse geben.

» Wenn die Masse anfängt zu gelieren, die geschlagene Cremefine und die Kirschen unterheben. Auf den halbierten Biskuitboden streichen und mit der zweiten Hälfte bedecken.

» Nun ist etwas Geduld gefragt. In den Kühlschrank stellen und einige Stunden warten.

» Dann von der Kuvertüre einige Späne als Deko abhobeln. Den Rest klein hacken und im Wasserbad, zusammen mit 50 ml Cremefine und 50 g Kokosfett schmelzen. Den Kuchen übergießen und mit den Spänen verzieren.

Es ist zwar ein bisschen aufwendig, aber es lohnt sich.

Brombeeren in Weinbrand

Auch die Brombeeren sind reif und täglich müssen einige gepflückt werden. Einige werden ja für meine „Brombeerknödel – die heilige 7“ eingefroren, aber manche möchten gerne als Likör angesetzt werden.

Zutaten:

- 1 l Weinbrand
- 500 g Brombeeren
- 300 g Zucker

Zubereitung:

» Die Beeren schichtweise mit dem Zucker in ein größeres Glas geben und mit Weinbrand bedecken. Das Glas verschließen und 2–3 Wochen ruhen lassen. Dann filtern und abfüllen. Die betrunkenen Brombeeren schmecken sehr gut zu Eis oder man macht eine *Angsoffene Marmelade.*

Beifußöl

Der Beifuß, manche reagieren leider allergisch auf ihn, aber er ist ein tolles Kraut. Da mein Mann nicht so gut auf den Beinen ist, habe ich für ihn ein Beifußöl, welches müde Beine munter macht, angesetzt.

Zutaten:

- 20–30 g frische Beifußblätter
- 100 ml Öl

Zubereitung:

» Frische Beifußblätter mit einem Keramikmesser klein schneiden und in ein Glas geben. Öl aus der Region oder auch Olivenöl darübergießen.

» Mit einem Tuch die erste Woche verschließen, danach kann der Schraubdeckel verwendet werden.

» Nun 3–4 Wochen insgesamt ziehen lassen.

» Abseihen und in dunkle Fläschchen füllen. Nicht vergessen zu beschriften.

September

September, das Jahr fliegt dahin. Die Äpfel sind reif, natürlich wird vieles verarbeitet. Der nächste Winter kommt ja bestimmt.

Wie herrlich schmeckt da ein Apfelmus, ein Apfelstrudel oder auch ein Likör aus Äpfeln.

Zupfnockerlsuppe

Die dicken Ränder, die beim selbst gezogenen Strudelteig abgeschnitten wurden, verwende ich gerne für meine Zupfnockerlsuppe. Diese begleitet mich schon seit Kindheitstagen. Ich habe hier nicht wirklich ein Rezept, aber ich glaube, jeder kann sie nachkochen.

Zutaten:

- Wasser
- Suppenwürfel
- Strudelteigreste
- grüne Erbsen
- Butter
- Mehl
- Salz
- Petersilie

Zubereitung:

» Wasser zum Kochen bringen, Suppenwürfel darin auflösen und den übrig gebliebenen Strudelteig in die kochende Suppe zupfen.

» Grüne Erbsen, Tiefkühlware oder Dose, zufügen, kurz kochen lassen.

» Eine Einmach aus Butter und Mehl zubereiten und die Suppe damit binden. Mit Salz und Petersilie verfeinern oder mit Zipfelines Kräuterwürze siehe Seite 85.

mit Eierschwammerl

Kohl-Erdäpfelstrudel mit Wurstrestln

Wieder einmal ein Restlessen.

Zutaten:

- ausgezogener Strudelteig
- 500 g gekochte Erdäpfel
- 300 g Kohl (Kelch)
- Butter
- Salz, Pfeffer
- gemahlener Kümmel
- Wurstreste (alternativ Käsereste)
- 2 Eier
- 2 EL Bröseln
- Kräuter nach Wahl

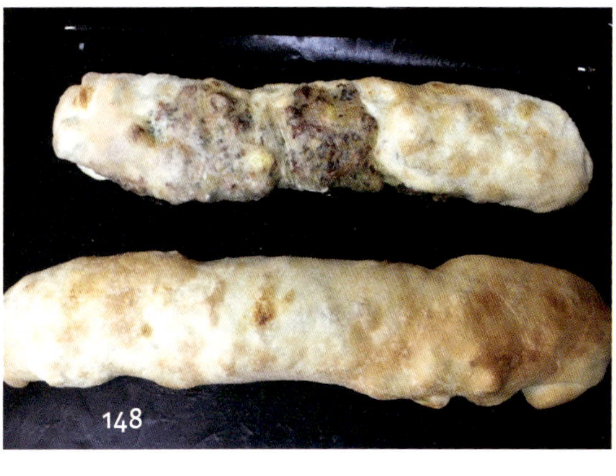

Zubereitung:

» Butter zergehen lassen, nudelig geschnittenen Kohl und die kleinwürfelig geschnittenen Erdäpfel dazugeben. Mit Salz, Pfeffer und gemahlenem Kümmel würzen. Wurstreste zufügen, Kräuter nach Wahl (ich habe Giersch genommen) und 2 verquirlte Eier einrühren. Alles gut vermischen.

» Strudelteig ausziehen oder auch Fertigteig verwenden, mit Butter bestreichen, Brösel darauf verteilen. Die Füllung auftragen, Ränder freilassen. Mit Hilfe eines Tuches einrollen und auf ein mit Backpapier belegtes Blech legen. Bei 200 °C ca. 20 Minuten backen.

» Mit Kräuterjoghurt servieren.

Erdäpfelpüree-laberl

Wieder einmal Restlverwertung. Erdäpfelpüree ist übrig geblieben, Selchfleisch ebenso und Röstzwiebel auch.

Zutaten:

- Erdäpfelpüree
- Selchfleisch
- Röstzwiebel
- Mehl
- Grieß
- Kräutersalz

Zubereitung:

» Alles vermengen. Mit einem Löffel Laberl auf ein Blech platzieren und im vorgeheizten Backrohr bei 200 °C 35–40 Minuten backen.

» Einmal wenden ist von Vorteil. Schmecken urgut und können sowohl warm als auch kalt gegessen werden.

Kürbiskern-Kraftaufstrich

Aufstriche gehen ja immer, da wird diesmal ein Kürbiskern-Kraftaufstrich gerührt.

Zutaten:

- 1 Pkg. Topfen = 250 g
- 2 EL Sauerrahm oder Crème fraîche
- 100 g geröstete Kürbiskerne, gesalzen und gehackt
- 2 TL Kräutersalz nach Wahl
- 1 Knoblauchzehe
- 4 EL Kürbiskernöl

Zubereitung:

» Topfen und Rahm verrühren, gehackte Kürbiskerne untermischen. Würzen. Zum Schluss das Kürbiskernöl einrühren.

Die Goldrute ist eine sehr wichtige Pflanze, wenn es unsere Harnwege betrifft. Wir unterscheiden hier die Echte Goldrute und die Kanadische Goldrute. Die Kanadische ist ein Neophyt und dadurch in unseren Gärten sehr häufig anzutreffen. Das war ein Grund für mich, diese in mein Repertoire aufzunehmen.

Goldrutenweckerl

Zutaten:

- 450 g Mehl (glattes Mehl und Dinkelmehl gemischt)
- 1 TL Kräutersalz
- 1 Prise Zucker
- 1 Pkg. Trockengerm
- ca. 400 ml Wasser
- 1 TL Sonnenblumenkerne
- 1 TL Leinsamen geschrotet
- 1 TL Sesam
- 2 EL Goldrutenblüten

Zubereitung:

» Aus den Zutaten einen Germteig bereiten. Gut 30 Minuten gehen lassen. Dann aus dem Teig Weckerl formen und mit Kürbiskernen bestreuen. Nochmals 20 Minuten gehen lassen.

» Im vorgeheizten Backrohr bei 190 °C ca. 20 Minuten backen.

Goldene Butter

Zutaten:

- Goldrutenblüten
- Butter
- Salz
- Kurkuma

Zubereitung:

» Auch hier werden wieder die Blüten verwendet. Butter sanft schmelzen und die Blüten darin ausziehen lassen. Dauer ca. 60 Minuten. So hat die Farbe Zeit sich mit der Butter zu vereinen. Abseihen.

» Mit Salz versetzen, mit etwas Kurkuma vermischen und 60 Minuten kalt stellen.

» Mit einem Spritzsack kleine Röschen produzieren oder in einer Silikonform (z. B. Herzerl) pressen.

» Mit den Goldrutenweckerln servieren.

Goldene Butter

Gelenksretterbecher

Goldene Butter

Brennnesselsalz

Als Brennnesselsalz kann man die Brennnessel gut in den täglichen Speiseplan einfügen.

Zubereitung:

» 3 EL getrocknete Brennnesselsamen, gemischt mit 3 EL gutem Steinsalz und schon ist eine Delikatesse fertig.

Ein Butterbrot, gewürzt mit Brennnesselsamensalz, da kommt Freude auf.

Gelenksretterbecher

Brennnesselsamen – unser heimisches Powerfood oder wie ich sage: unser Energiegeber. Bei mir sind sie fast täglich in irgendeiner Form am Teller.

Zutaten:

- 1 TL Brennnesselsamen
- 1 TL Hagebuttenpulver
- Joghurt
- etwas Marmelade oder Honig

Zubereitung:

» Alles miteinander vermengen.

Ich möchte diesen Becher nicht missen und meine Gelenke danken es ihm.

Apfelstreusel-Kuchen

Zutaten Teig:

- 250 g glattes Mehl
- 80 g Staubzucker
- ½ Pkg. Backpulver
- 125 g Butter
- 1 Ei

Zutaten Belag:

- 500 g Äpfel, blättrig geschnitten

Zutaten Streusel:

- 50 g glattes Mehl
- 50 g Staubzucker
- 50 g Butter

Zutaten Überguss:

- 70 ml Cremefine
- 70 ml Milch
- 2 Eier
- 2 EL Rosenzucker
- Zitronenschale

Zubereitung:

» Mürbteig bereiten und 30 Minuten kühl rasten lassen.

» Streusel bereiten. Ebenfalls kühl stellen.

» Dann die Zutaten für den Guss vorbereiten.

» Teig leicht ausrollen und in eine Form geben. Die Ränder etwas hochziehen. Apfelschnitze darauf verteilen. Dann den Guss darüberleeren und zu guter Letzt die Streusel darüberbröseln.

» Im vorgeheizten Backrohr bei 200 °C ca. 35 Minuten backen.

» Ausgekühlt in Stücke schneiden und mit Staubzucker bestreuen.

Apfelmuskuchen

Weils im Herbst ja wirklich viele Äpfel gibt, ein weiteres Rezept für einen Apfelkuchen, vielmehr für einen Apfelmuskuchen.

Zutaten:

- 2 Eier
- ½ Pkg. Backpulver
- 1 ½ Becher (ich nehme immer Joghurtbecher) glattes Mehl
- 1 Becher Staubzucker
- ½ Becher Öl
- ½ Becher Mineralwasser

Für den Belag:

- Apfelmus
- 1 Becher Cremefine, zum Schlagen
- 1 Becher Sauerrahm
- Rosenblütenzucker

Zubereitung:

» Alle Zutaten miteinander verrühren und in eine Auflaufform geben. Glatt streichen und bei 180 °C ca. 20 Minuten backen.

» Danach mit Apfelmus bestreichen. Die Cremefine aufschlagen, mit dem Sauerrahm vermischen und auf dem Apfelmus verteilen.

» Mit Rosenblütenzucker bestreuen und in Schnitten schneiden.

Apfelstrudel aus Gleichschwer-Topfenteig

Diesen Teig verwende ich gerne, sowohl für Süßes als auch für Pikantes.

Zutaten:

- 250 g glattes Mehl
- 250 g Topfen
- 250 g Butter
- etwas Salz

Für die Füllung:

- Äpfel, blättrig geschnitten
- geröstete Brösel
- etwas Zucker und Zimt

Zubereitung:

» Teig bereiten. 30 Minuten kühl rasten lassen. In zwei Teile teilen und auswalken.

» Mit den gerösteten Bröseln bestreuen, mit den Äpfel belegen, 3 EL Zucker und Zimt darüberstreuen. Eventuell Cranberries oder Rosinen, die in Rum eingeweicht waren, daraufgeben.

» Einrollen und auf ein mit Backpapier belegtes Blech setzen. Bei 180 °C ca. 35 Minuten backen.

» Mit Staubzucker bestreut servieren.

Kräutertorte

Für ein Kräutertreffen experimentiert, herausgekommen ist eine Kräutertorte. Verziert wurde sie mit allem, was im Garten noch blühte.

Zutaten:

- 125 g Butter
- 250 g Grissini (Hauptsache salzig)
- 2 Paprikaschoten rot, gelb oder grün
- 1 Bund Jungzwiebel
- Knoblauch
- 50 g Oliven
- etwas Öl
- Thymian, Bergbohnenkraut, Rosmarin, Basilikum, was grad da ist
- 1 Zitrone
- 6 Blatt Gelatine
- 200 ml Schlagobers oder
- Cremefine
- 4 Pkg. Frischkäse = 800 g
- Salz, Pfeffer
- Blüten zum Garnieren

Zubereitung:

» Grissinis zerbröseln und mit der zerlassenen Butter und etwas Salz vermischen. Auf den Boden einer Tortenform Durchmesser 26 cm verteilen und anpressen.

» Paprika, Jungzwiebel und Knoblauch putzen. Zwiebel klein schneiden. Paprika klein würfeln und in etwas Öl 5 Minuten dünsten. Die Zwiebel und den Knoblauch dazu und kurz durchrösten. Auskühlen lassen.

» Oliven abtropfen lassen und die Hälfte davon klein schneiden. Etwas Paprika und Zwiebel für die Garnitur aufheben.

» Gelatine einweichen. Obers aufschlagen. Ausgedrückte Gelatine erst mal in einem Löffel heißen Wasser auflösen und mit 2 EL Frischkäse vermischen. Danach zum Rest geben.

» Das Gemüse, die Kräuter, die Olivenstücke unter die Frischkäsemasse mischen. Zum Schluss das geschlagene Obers sanft einrühren. Mit Zitronensaft, Salz und Pfeffer kräftig würzen.

» Die Masse auf dem Grissiniboden verteilen, glatt streichen und für 3 Stunden kalt stellen.

» Wenn Besuch kommt, aus der Form lösen und mit dem restlichen Gemüse, den Oliven und/oder den Blüten schmücken.

Hagebuttensirup

Ein Übermaß an Hagebutten ist vorhanden, daraus wird Hagebuttensirup gemacht.

Zutaten:

- 2 kg Hagebutten
- 1 l Wasser
- 1 kg Rohrzucker
- 20 g Zitronensäure
- 750 g Rohrzucker
- 750 ml Wasser
- 20 g Zitronensäure

Zubereitung:

» Hagebutten waschen und von Käppchen und Stiel befreien. Früchte häckseln. In einen Kochtopf geben und mit dem Zucker bestreuen. Zitronensäure zufügen und 2 Stunden stehen lassen.

» Dann das Wasser dazugeben und aufkochen. 45 Minuten sanft köcheln lassen. Danach einige Stunden stehen lassen, damit alles gut durchzieht.

» Anschließend durch ein Sieb seihen. 750 ml Wasser mit 750 g Rohrzucker aufkochen (Läuterzucker) und dazugeben. Gemeinsam nochmals aufkochen.

» Sicherheitshalber noch einmal abseihen, wegen der Härchen, und abfüllen.

» Die Reste aber, die entsorgen wir nicht, sondern geben Korn 38 % und Kandiszucker dazu und lassen alles 6 Wochen stehen. Danach filtern, eventuell mit Läuterzucker abschmecken und wir haben einen wunderbaren **Hetscherllikör**.

Hagebuttenküsse

Wieder einmal freudige Vorbereitung für ein Treffen mit Gleichgesinnten. Zur Jahreszeit passend, verwende ich die Hagebutte, darum gibt es: Hagebuttenküsse. Die Zubereitung ist einfach, denn ich mache den 1,2,3-Teig.

Zutaten Teig:

- 100 g Staubzucker
- 200 g Butter
- 300 g glattes Mehl
- 1 gehäufter EL Rosenzucker
- 1 Prise Salz
- 1 Dotter

Für den Kuss:

- 4 Eiklar
- 280 g Staubzucker
- 90 g gemahlene Kürbiskerne

Für den Kussmund:

- 1 Glas Hagebuttenmarmelade

Zuallerletzt natürlich verkosten und genießen. So ein Kuss hat schon was.

Zubereitung:

» Aus den Teigzutaten einen Mürbteig bereiten und diesen 30 Minuten kühl rasten lassen. Teig auswalken und Kreise ausstechen. Auf ein vorbereitetes Backblech setzen und bei 180 °C 6–7 Minuten backen. Sie sollen noch sehr hell sein.

» Inzwischen das Eiklar mit einer Prise Salz aufschlagen und nach und nach den Zucker einschlagen. 10 Minuten schlagen.

» Die Kürbiskerne unterheben, wer mag, kann auch Nüsse nehmen und die Masse in einen Dressiersack füllen.

» Auf jede Keksscheibe einen Kreis dressieren. Wieder ins Backrohr schieben und bei 100 °C 30 Minuten trocknen lassen.

» Zuletzt dann in die Mitte jeweils einen Tupfen Hagebuttenmarmelade setzen. Auch das geht am besten mit dem Dressiersack.

Einfach Gesundheit zum Genießen.

Bei der Gelegenheit möchte ich erwähnen, ein schönes Etikett wertet unsere liebevolle Arbeit noch einmal auf. Die Mühe lohnt sich.

Wildes Herbstgelee

Habt ihr schon einmal ein Wildes Herbstgelee probiert? Das muss sein.

Zutaten:

- Weißdorn (die Restrückstände vom Saft, ja, bei mir wird alles verwertet)
- Äpfel, wer hat, aus dem Garten, ansonsten vom Bio-Bauern
- Hagebutten, die wunderbaren Früchte der Wilden Rose
- Apfelsaft
- Rosinen
- kräftiger Schuss Rum
- Gelierzucker

Zubereitung:

» Weißdorn, Äpfel und Hagebutten in Apfelsaft weich dünsten. Dauer ca. 30 Minuten. Passieren und mit Rosinen, einem kräftigen Schuss Rum und der notwendigen Menge an Gelierzucker zu Gelee kochen.

» Heiß abfüllen und beschriften.

Hollersaftl „Steirerart"

Holler, wir haben ja genügend im Garten. Sind es im Mai die Blüten, die wir verarbeiten, so sind es jetzt die dunklen Beeren. Wir lieben sie sehr und durch ihren hohen Anteil an Antioxidantien halten sie auch oft Erkältungen in Schach. Ein Hollersaftl „Steirerart" muss sein. Wir trinken es mit Wasser verdünnt, kalt, warm, manchmal auch heiß, als Zutat in einen winterlichen Tee, oder wie mein Mann, mit einem Schuss Rum. Immer gut.

Zutaten:

- 250–500 ml Hollerbeeren, gewaschen und gerebelt
- 2 Liter Wasser
- 1 kg Zucker
- 50 g Zitronensäure
- ½ Pkg. Einsiedehilfe

Zubereitung:

» Holler mit Wasser und Zucker zustellen und kurz kochen lassen. Auskühlen lassen, dann die Zitronensäure einrühren.

» Über Nacht stehen lassen. Am nächsten Tag abseihen. Einsiedehilfe einrühren und in kleine Flaschen füllen.

Hollerlikör „Gut für Leib und Seele“

Nun auch noch das Original der alten Dame. Hollerlikör „Gut für Leib und Seele“. Rezept nach Oma Gall etwas umgewandelt.

Zubereitung:

» 1 l Hollerbeeren gereinigt und gerebelt mit 800 ml Wasser zum Kochen bringen und 30 Minuten kochen lassen. Abseihen, abtropfen lassen, nicht drücken.

» Nochmals erhitzen und 350 g Zucker sowie 1 Pkg. Vanillezucker beifügen. 10 Minuten kochen lassen.

» Ausgekühlt 250 ml Rum 38 % und 250 ml Alkohol 60–70 % zufügen.

» Abfüllen, beschriften und genießen.

Tut Leib und Seele gut!

Hokazi

Auch alkoholisch kann man die Hollerbeeren sehr gut verarbeiten. Ich habe sie in einen Hokazi gesteckt. Mit dem Hokazi hat es ja eine besondere Bewandtnis. Das ursprüngliche Hollerlikörrezept ist ein Erbe einer alten Dame, welche leider schon lange nicht mehr unter uns weilt. Als ich wieder einmal eine Ausbildung zu Ende bringen wollte, brauchte ich etwas Besonderes, das ich dort anbieten konnte. Holunder, Kaffee, Zucker, ja das hatte ich schon im Sinn, aber ich wollte einen schönen Namen für mein schönes Produkt. Eine schlaflose Nacht, dann hatte ich es. Ho = Holunder, Ka = Kaffee, Zi = Zipfelmayer. So wurde aus meinem Hollerlikör der Hokazi.

Für das Rezept bitte einmal umblättern.

Zutaten:

- 1 l Hollerbeeren, gerebelt
- 800 ml Wasser
- 3 EL geriebener Bohnenkaffee
- 300 g Zucker
- 1 Pkg. Bourbonvanille
- 250 ml Rum 38 %
- 250 ml Alkohol 60–70 %

Zubereitung:

» Kaffee in ein Filtersackerl geben und verschließen. Hollerbeeren, Wasser und Kaffee zustellen und 30 Minuten köcheln lassen. Danach abseihen, abtropfen lassen, nicht drücken. Mit Zucker und Bourbonvanille nochmals zustellen.

» Weitere 10 Minuten köcheln lassen. Vom Herd nehmen und auskühlen lassen.

» Danach Rum und Alkohol zufügen. Abfüllen, beschriften und genießen.

Weißdornsafterl

Bei den Likören, Sirups, Säften darf ein Safterl nie fehlen: das Weißdornsafterl. Das Rezept ist vom lieben Michael Machatschek.

Zutaten:

- 650 g Weißdornbeeren
- 2 ½ l Wasser
- 250 g Zucker
- Saft von 3 Zitronen
- Saft von 3 Orangen

Die Zubereitung erfolgt in einer 3-Tages-Tour:

» Wasser aufkochen und über die gewaschenen, entstielten Weißdornfrüchte gießen. 24 Stunden Ruhe.

» Die Flüssigkeit abgießen und abermals aufkochen. Wieder über die Beeren gießen und wieder 24 Stunden stehen lassen.

» Dann wieder abseihen, Zucker, Zitronensaft, Orangensaft zufügen und unter Rühren nochmals aufkochen.

» Heiß in kleine Flaschen füllen.

Ein Zaubertrank.

Weißdorn Likör – fürs Herzerl

Vom Weißdorn Likör – fürs Herzerl habe ich auch noch eine 2. Variante gemacht. Manche mögen lieber Weinbrand, manche lieber Wodka. Beide versuchen und schauen, was besser schmeckt.

Zutaten:

- 400 g Weißdornfrüchte
- 250 g weißer Kandiszucker
- 1 Flasche Wodka = 700 ml

Zubereitung:

» Die Früchte reinigen und in ein großes Glas geben. Kandiszucker zufügen und mit Wodka übergießen.

» 4–6 Wochen braucht unser Ansatz nun zum Rasten.

» Danach filtern und abfüllen.

Zubereitung Variante 2:

» 200 g gewaschene, entstielte Weißdornfrüchte mit 1 Liter Weinbrand übergießen.

» Wer mag, 1 Stängel Melisse dazugeben und 1 Woche Ruhe.

» Filtern und mit 200 g Kandiszucker wieder, aber diesmal für 8 Wochen, in Karenz schicken.

» Öfters besuchen und schütteln. Danach ist unser Herzerl-Likör gebrauchsfertig.

Hetscherl-Likör

Gleich noch was Alkoholisches, das man zu dieser Zeit am besten ansetzt.

Zutaten:

- 600 g Hagebutten
- 200 g Rohrzucker
- 1 Zimtrinde
- 5 Gewürznelken
- Schale von einer halben Zitrone und einer halben Orange
- 1 l Weinbrand

Zubereitung:

» Die Hagebutten säubern, Stängel sowie Köpfchen abschneiden. Über Nacht mit dem Zucker vermischt stehen lassen.

» Am nächsten Tag Zimtrinde, Gewürznelken und die Schale von Zitrone und Orange dazugeben. Mit dem Weinbrand übergießen und 8 Wochen ruhen lassen.

» Danach filtern, zuerst durch ein Sieb, dann durch ein Tuch und abfüllen.

» Nach weiteren 4 Wochen ist Verkostung.

Vogelbeer-Campari

Wenn die Vogelbeere ihre orangeroten Beeren zeigt, dann muss auch davon einiges produziert werden. Habt ihr schon mal Vogelbeer-Campari mit Orangensaft verdünnt oder auch pur getrunken? Diejenigen, welche ihn verkostet haben, waren begeistert.

Zutaten:

- 500 g Vogelbeeren
- 1 Flasche Wodka = 700 ml
- 1 Tonkabohne
- 4 Körner Neugewürz
- Zucker nach Gefühl

Zubereitung:

» Die Vogelbeeren säubern, waschen und abtropfen lassen. Etwas zerdrücken und in ein größeres Einmachglas geben. Mit dem Wodka aufgießen und die Gewürze zufügen.

» 8 Wochen an einem sonnigen Platz stehen lassen. Danach filtern.

» Mit Zucker nach Geschmack süßen. Pur oder mit Orangensaft verdünnt genießen.

Oktober

Der Oktober bringt schon einiges an Arbeit mit sich. Äpfel, Schlehen, Weißdorn, Hagebutten sind reif und wollen gepflückt werden. Im Garten wird das letzte Gemüse geerntet und verarbeitet und auch die Erdäpfel wollen aus der Erde. Also ist die Überlegung: Was mache ich mit all den tollen Sachen.

Spalterbsensuppe

Erinnerungen an die Kindheit werden wach. Als ich dann älter wurde, gab es die Erbswurstsuppe. Ein schnelles Essen. Erbswurstsuppe, ein Würstl hinein und ein Stück frisches Brot dazu, da kann man schon schwach werden. Dann wurde die Produktion eingestellt. Ich habe in Großmutters alten Unterlagen gestöbert und eine Alternative gefunden. Geht nicht ganz so schnell, aber schmeckt herrlich.

Zutaten:

- ½ Pkg Spalterbsen (1 Pkg = 330 g)
- ½ Zwiebel, fein gehackt
- 1 kleine Kartoffel
- 1 Suppenwürfel
- 2 TL Suppenpulver Eigenbau
- 500 ml Wasser
- 1 EL Schmalz

Zubereitung:

» Zwiebel in Schmalz etwas anschwitzen. Wasser, Suppenwürfel, Spalterbsen und Suppenpulver zufügen. Alles zusammen aufkochen und zugedeckt auf kleiner Flamme 1 Stunde köcheln lassen. Danach pürieren.

» Wer mag, kann einen Schuss Schlagobers zufügen. Eine Burenwurst oder ein Paar Würstel in Scheiben schneiden und einige Minuten in der Suppe erwärmen.

» Mit einer Scheibe Brot servieren.

Lauchcreme-Suppe

Wenn man einen Garten hat, gehört man schon zu jenen, die glücklich alles Mögliche auf den Tisch bringen können, ohne große Kosten.

Zutaten:

- 1 Stange Lauch
- 3 mittelgroße Erdäpfel
- 1 EL Butter
- 1 EL Mehl
- Kräutersalz
- 1 Schuss Cremefine
- 500 ml Suppe

Zubereitung:

» Lauch putzen, feinnudelig schneiden, Erdäpfel schälen, kleinwürfelig schneiden. Lauch in der Butter anschwitzen, mit dem Mehl stauben und mit der Suppe aufgießen. 10 Minuten köcheln lassen. Die geschnittenen Erdäpfel zufügen und weitere 15 Minuten köcheln.

» Danach mit dem Pürierstab durchmixen. Kräutersalz zum Abschmecken und ein Schuss Cremefine zum Verfeinern runden unser Süppchen ab.

Schafmischkäsezigarren für Genießer

Auch ein tolles Rezept für Picknick oder wenn Gäste kommen.

Zutaten:

- 400 g Schafmischkäse
- 3 Dotter
- 3 Pkg. Strudelteig
- 2 EL Brösel
- Kreuzkümmel
- einige Kräuter (Vogelmiere, Minze, Basilikum ...)
- Kräutersalz, Pfeffer
- Öl
- Eiklar zum Bestreichen
- Sesam, hell und dunkel

Zubereitung:

» Den Mischkäse mit Dotter, Brösel, Kreuzkümmel und den Kräutern verrühren. Salzen und mit Cayennepfeffer würzen. 15 Minuten rasten lassen.

» In einen Spritzsack mit glatter Tülle füllen. Die Strudelblätter ausrollen. Jedes Strudelblatt leicht mit Öl besprühen und in der Mitte falten. Nun in der Mitte durchschneiden.

» An der unteren Kante etwas von der Käsemasse aufspritzen, oder mit einem Löffel auftragen, wobei seitlich ca. 2 cm Rand freibleiben sollte. Nun nochmals mit etwas Öl bepinseln, die 2 cm Ränder einschlagen und von der unteren Seite her locker aufrollen.

» Auf ein mit Backpapier belegtes Blech geben, mit Eiklar bestreichen, mit Sesam bestreuen und im vorgeheizten Backrohr bei 200 °C ca. 10 Minuten backen.

Zwiebeltaler

Zwiebeltaler sind schnell gemacht, wenn überraschend Besuch kommt.

Zutaten:

- 500 g glattes Mehl
- 100 ml Öl
- 1 Ei
- Salz nach Wahl
- etwas gemahlener Kümmel
- 100 ml Wasser
- 1 TL Zucker
- 100 ml Milch
- 250 g Speck
- 350 g Zwiebel
- 21 g Germ
- Kräuter, hier habe ich Schafgarbe und Vogelmiere genommen
- Zum Bestreichen 1 Ei

Zubereitung:

» Die Milch mit dem Zucker und der Germ verrühren und kurz ruhen lassen. Dann mit dem Mehl, Ei, Öl, Wasser und Salz zu Teig kneten, am besten in der Küchenmaschine. Zugedeckt 45 Minuten gehen lassen.

» Speck und Zwiebel fein schneiden. Speck mit 1 EL Öl in einer Pfanne anschwitzen, Zwiebel, Salz und Kümmel dazugeben. 10 Minuten durchrösten.

» Den Teig ausrollen und Kreise ausstechen. Durchmesser 8 cm.

» Mit je 1 Löffel der Speck-Zwiebelmischung belegen. Den Rand mit verquirltem Ei bestreichen.

» Bei 200 °C ca. 15 Minuten backen.

Brennnesselroulade mit pikanter Füllung (alternativ Mangoldroulade)

Zutaten Teig:

- 3 EL glattes Mehl
- 3 EL Milch
- 1 Msp. Backpulver
- 4 Eier getrennt
- ca. 250 g junge Brennnesseln oder Mangold, gewaschen, blanchiert und klein gehackt

Zutaten Füllung:

- 2 Pkg. Frischkäse natur
- getrocknete Paradeiser
- Kräuter nach Wahl
- Kräutersalz
- Pfeffer

Zubereitung:

» Die fein gehackten Brennnesseln mit den Eidottern, Salz, Pfeffer und Milch pürieren. Das mit Backpulver versiebte Mehl einrühren. Das Eiklar zu Schnee schlagen und diesen vorsichtig unterheben. Auf ein mit Backpapier belegtes Blech streichen und im vorgeheizten Backrohr 10–12 Minuten bei 200 °C backen. Danach auf ein Geschirrtuch stürzen und einrollen.

» In der Zwischenzeit den Frischkäse mit den gehackten Paradeisern, den fein gehackten Kräutern und Salz und Pfeffer abrühren.

» Das nun erkaltete Biskuit wieder aufrollen, mit der Kräutercreme bestreichen und wieder einrollen. In Frischhaltefolie wickeln, soll schon etwas straff sein und 2 Stunden kalt stellen.

» In gefällige Scheiben schneiden und servieren.

Nudeln

Was mich schon immer gereizt hat, ist – Nudeln machen. Probieren geht bekanntlich über studieren und so habe ich mich an die Arbeit begeben.

Zutaten:

- 300 g glattes Mehl
- 3 Eier
- Salz
- einige Tropfen Wasser
- Kräuter nach Wahl (Für die Kräuter habe ich getrocknete Kräuter genommen und diese fein gemahlen mit dem Mehl vermischt.)

Zubereitung:

» Alle Zutaten zu einem Teig kneten. Auswalken oder durch eine Nudelmaschine rollen. In Streifen schneiden. Dann entweder gleich verwenden, hier beträgt die Kochzeit 2 Minuten oder zum Trocknen auflegen bzw. auf einen Wäschetrockner hängen.

» In Keksschachteln aufbewahren und zu einem späteren Zeitpunkt verwenden. Dann beträgt die Kochzeit aber 7–9 Minuten.

Selbst gemachte Nudeln in Schinken-Rahmsoße

Super schmeckt dieses Rezept. Das ist wieder so eine Restlverarbeitung.

Zutaten:

- 250 g Nudeln
- 1 Zwiebel
- 100 g Schinken
- 1 EL Öl
- 100 ml Suppe
- 150 ml Sauerrahm oder Cremefine
- 1 KL Mehl
- etwas Zitronensaft
- Salz, Pfeffer

Zubereitung:

» Nudeln in Salzwasser al dente kochen. Zwiebel schälen, fein hacken und in Öl anrösten, Schinken würfelig schneiden und dazugeben. Suppe und Rahm mit dem Mehl verrühren und aufgießen. Aufkochen lassen, mit Salz und Pfeffer würzen und mit den Nudeln servieren.

Nudeln

Selbst gemachte Nudel in Schinken-Rahmsoße

Paradeissugo

Noch einmal Paradeiser geerntet.

Zutaten:

- 1½ kg Paradeiser
- 200 ml Rotweinessig
- 3 Happerl Zwiebel (ca. 200 g)
- 2 Zehen Knoblauch
- 2 Pfefferoni
- 2 Lorbeerblätter
- 2 Stängel Basilikum
- 2 Stängel Thymian
- 1 TL Salz
- 4 TL Paprika edelsüß

Zubereitung:

» Die Paradeiser in der Küchenmaschine häckseln, dann die Gewürze zufügen und den Rotwein. Auf den Herd stellen und 1 Stunde köcheln lassen. Die Lorbeerblätter herausnehmen und die Masse pürieren.

» Danach noch durch ein feines Sieb streichen und nochmals erhitzen. Heiß in kleine Gläser füllen und verschließen.

» Im Backrohr oder im Einkochtopf bei 80 °C 30 Minuten einkochen.

Gläser beschriften nicht vergessen.

Omas Ketchup „Curry“

Nochmals Paradeiser, diesmal Ketchup.

Zutaten:

- 1500 g Paradeiser
- 2 große Zwiebeln
- 45 ml Öl
- 100 g Zucker
- 90 ml Apfelessig
- etwas Chilipulver und Curry nach Geschmack
- Salz

Zubereitung:

» Zwiebeln fein hacken und im Öl anschwitzen. Zucker dazugeben und karamellisieren. Mit dem Essig löschen. Paradeiser, geschnitten, dazugeben und 10 Minuten köcheln lassen. Danach passieren.

» Mit Chili, Curry und Salz würzen und weitere 30 Minuten köcheln. Eventuell mit 2 TL Maizena binden.

» In kleine Flaschen mit dickerem Hals füllen und verschließen.

Omas Ketchup „Pikant“

Eine Alternative zum Curryketchup.

Zutaten:

- 1600 g Paradeiser
- 2 große Zwiebeln
- 4 EL Öl
- 12 TL Zucker
- 8 EL Apfelessig
- Salz
- etwas Chilipulver

Zubereitung:

» Zwiebeln fein schneiden und im Öl anschwitzen. Mit Zucker karamellisieren, mit Essig löschen. Geschnittene Paradeiser dazugeben und 10 Minuten köcheln lassen.

» Passieren und weitere 20–30 Minuten köcheln. Mit Salz und Chili würzen.

Mohnstrudel aus Germteig

Noch etwas zum Kaffee? Da bietet sich der Mohnstrudel aus Germteig an.

Zutaten für 1 Strudel

- 250 g griffiges Mehl
- 21 g Germ
- 150 ml Milch
- 30 g Zucker
- 40 ml Öl

Für die Füllung:

- 125 g gemahlener Mohn
- 125 g Staubzucker
- etwas Öl
- Hollermarmelade als Untergrund
- Butter zum Bestreichen

Die Zutaten können, wenn jemand eine größere Familie hat, leicht verdoppelt werden.

Zubereitung:

» Aus den Teigzutaten einen Germteig bereiten. Diesen 45 Minuten gehen lassen. Dann auf einem mit Mehl bestaubten Tuch auswalken, mit der Marmelade bestreichen und die Mohn-Zuckermischung darauf verteilen. Mit etwas Öl besprühen und mit Hilfe des Tuches einrollen.

» Auf ein vorbereitetes Backblech legen und noch einmal 15 Minuten zugedeckt gehen lassen. Mit einer Gabel einige Luftlöcher stechen und bei 180 °C ca. 30 Minuten goldgelb backen.

» Mit Staubzucker bestreuen und servieren.

Beerenstreuselkuchen

Genügend Beeren über den Sommer gesucht und einen Teil davon tiefgefroren? Da bietet sich ein Beerenstreuselkuchen an.

Zutaten:

- 600 g Beerenmischung, tiefgekühlt (was im Überfluss da war)
- 380 g glattes Mehl
- 200 g Staubzucker
- 1 Pkg. Vanillezucker
- 1 Prise Salz
- 250 g Butter
- 100 ml Buttermilch
- 2 Eier
- Staubzucker zum Bestreuen

Zubereitung:

» Mehl, Butter, Zucker, Vanillezucker und Salz verbröseln und zu Streusel kneten. ⅔ der Masse wegnehmen und die Buttermilch sowie die Eier einarbeiten.

» Nun die Hälfte des Teiges in eine Tortenform füllen, die Hälfte der Beeren darauf verteilen. Den übrigen Teig einfüllen, glatt streichen. Die restlichen Beeren darauf verteilen und mit dem Streusel bedecken.

» Bei 200 °C ca. 45 Minuten backen. 10 Minuten Nachruhe tun dem Kuchen gut.

» Danach aus der Form lösen und mit Staubzucker bestreuen.

Kuchen für alle Fälle

Gleich noch ein Kuchen – ich nenne ihn den Kuchen für alle Fälle.

Zutaten:

- 200 g glattes Mehl
- 200 g Butter
- 200 g Staubzucker
- 1 EL Rosenzucker
- 1 EL Backpulver
- 4 Eier getrennt
- Obst nach Belieben
- 2 EL Staubzucker
- etwas Zimt
- einige geröstete Mandelblättchen zum Bestreuen

Zubereitung:

» Eiklar mit 2 EL Zucker und dem Rosenzucker zu Schnee schlagen. Butter, Dotter und den restlichen Staubzucker gut cremig rühren. Mehl mit Backpulver versiebt nach und nach zufügen. Zum Schluss den Schnee unterheben.

» In eine vorbereitete, gefettete Form füllen und mit Apfelspalten, halbierten Zwetschken (Saftseite unten) oder halbierten Marillen oder, oder, oder … belegen. Wer mag, könnte auch noch mit Kakao einen Marmorierungseffekt erzielen. Mandelblättchen darüberstreuen, Zucker/Zimtmischung darübersieben.

» Im kalten Rohr, ansteigend auf 160 °C Heißluft ca. 45 Minuten backen.

Überraschungsguglhupf

Eine Überraschung ist der Überraschungsguglhupf.

Zutaten:

- 200 g Butter
- 200 g Staubzucker
- 1 Pkg. Vanillezucker
- 4 Eier
- 400 g glattes Mehl
- 1 Pkg. Backpulver
- 5 EL Milch
- 12 Stück Toffifee
- 15 Stück Schokolade, z. B. Ritter Sport, die man schön in Würfel brechen kann

Zubereitung:

» Butter mit Zucker und Vanillezucker schaumig rühren. Nach und nach die Eier einrühren, dann das mit Backpulver vermischte Mehl und die Milch dazugeben.

» Ein Viertel des Teiges in eine vorbereitete Guglhupfform füllen. Die Toffees darauf verteilen. Dann die Hälfte des übrigen Teiges darauf verstreichen und die Schokowürfel daraufgeben. Mit dem restlichen Teig abschließen. Bei 180 °C 55 Minuten backen.

» Verzieren mit Staubzucker oder auch mit Kuvertüre.

Mürber Apfelkuchen

Zutaten:

- 500 g glattes Mehl
- 150 g Butter
- 120 g Zucker
- 1 Pkg. Backpulver
- 1 EL Holunderzucker
- 2 Eier
- getrocknete, geriebene Zitronenschale
- 2 EL Crème fraîche

Zum Bestreichen:

- 1 verquirltes Ei
- 2 EL Milch

Fülle:

- 1½ kg Äpfel, geschält und blättrig gehobelt (die Schale für Tee trocknen)
- 1 Handvoll in Rum eingeweichte Rosinen
- 2 EL Brösel
- 50 g Zucker
- Zimt

Zubereitung:

» Aus den Teigzutaten in der Küchenmaschine einen Mürbteig bereiten und in Klarsichtfolie gehüllt 30 Minuten kalt stellen.

» Für die Fülle alle Zutaten vermischen und 15 Minuten ruhen lassen. Backrohr auf 170 °C vorheizen. Teig in 2 Teile teilen, auswalken.

» Fülle auf dem 1. Teil verteilen, mit Hilfe eines Nudelwalkers den 2. Teil darauf platzieren. Mit einem Holzspieß kleine Luftlöcher pieksen. 35 Minuten backen.

» Mit Staubzucker bestreut servieren.

Apfelchutney „HOT“

Auch eine Möglichkeit Äpfel zu verarbeiten.

Zutaten:

- 1 kg Äpfel, entkernt und kleinwürfelig geschnitten
- 350 g Rohrzucker
- 300 g Zwiebel, fein gehackt
- 2 Pfefferoni
- 2 EL Öl
- Senfkörner
- Lorbeerblätter
- Salz
- Pfefferkörner bunt
- Pfefferkörner Sezuan
- 300 ml Apfelessig (wenn möglich vom Bio-Bauern)

Zubereitung:

» Zwiebel und klein geschnittene Pfefferoni im Öl anschwitzen. Mit einem Teil des Zuckers karamellisieren. Mit Essig ablöschen und die klein geschnittenen Äpfel zufügen, wie auch die übrigen Zutaten.

» 30 Minuten sanft köcheln lassen. Danach die Lorbeerblätter herausfischen und die Masse heiß in vorbereitete Gläser füllen.

Ich habe für meine Schwiegertochter eine zuckerfreie Variante gemacht, sie ist durch das Einkochen auch haltbar.

Apfelmus nach Gerda-Oma

Bei einer Apfelschwemme muss natürlich auch eingekocht werden und so ist Apfelmus nach Gerda-Oma Pflicht.

Zubereitung:

» Äpfel klein schneiden. Pro Kilogramm Äpfel 1 Glas Wasser und 150 g Zucker zufügen. 10–15 Minuten köcheln lassen. Abgekühlt pürieren. Vanilleschote und Zimtrinde zufügen.

» Weitere 20 Minuten kochen. Vanille und Zimtrinde entfernen und in vorbereitete Gläser füllen. Gleich verschließen. Bei 100 °C 30 Minuten einkochen.

Apfelchutney „HOT“

Die-Rote-Isabella-Likör

Ja, der Oktober ist ein Monat, wo es noch viel zum Verarbeiten gibt. Sei es aus dem Garten oder man bekommt etwas als Geschenk. So habe ich von einer Freundin Trauben mit dem tollen Namen „Rote Isabella" bekommen. Also, geht's wieder ans Verkochen. Erstens habe ich einen Likör angesetzt. Ich nenne ihn Die-Rote-Isabella-Likör.

Zutaten:

- 1 kg abgezupfte, gewaschene Isabella-Trauben
- 1 Liter Wodka
- 300 g Rohrzucker
- 1 Prise Tonkabohne
- 200 ml Wasser

Zubereitung:

» Die gewaschenen Trauben mit 200 ml Wasser zum Kochen bringen und 15 Minuten köcheln lassen. Durch ein feines Sieb passieren oder durch die flotte Lotte drehen.

» In den Topf zurückgeben und mit dem Zucker und der Tonkabohne aufkochen. Dann in ein passendes Glas füllen und mit dem Wodka übergießen.

» Nun einige Tage stehen lassen, bei mir waren es 10 Tage, bevor ich den Likör in kleine Flaschen füllte und beschriftete.

Isabella-Gelee

Zubereitung:

» Um bei den Trauben zu bleiben, ich hatte noch welche und habe mit dem Rest ein Gelee gemacht.

» Hier habe ich keine genauen Gewichtsangaben, denn ich habe wieder einmal die Reste verarbeitet.

» Die Trauben mit Rotwein übergießen, aufkochen, einige Minuten kochen lassen. Passieren, abwiegen und mit der notwendigen Menge Gelierzucker zu Gelee kochen.

Hagebutten-pralinen mit Rosenzucker

Zutaten:

- 125 g Hagebuttenmarmelade
- 200 g gemahlene Mandeln
- 50 g Butter
- Rosenzucker nach Geschmack
- Zartbitter Kuvertüre zum Tunken
- Rosenzucker zum Bestreuen
- Konfektkapseln

Zubereitung:

» Marmelade, weiche Butter, gemahlene Mandeln (alternativ Nüsse) und den Zucker gut abmischen. 1 Stunde kühl stellen.

» Danach aus der Masse kleine Kugeln formen. Die Kuvertüre im Wasserbad schmelzen und die Kugeln damit überziehen.

» Kurz vor dem Festwerden mit Rosenzucker bestreuen.

Hagebutten-pralinen mit Rosenzucker 2

Zutaten:

- 125 g Hagebuttenmarmelade
- 200 g gemahlene Walnüsse
- ein Schuss Hagebuttenlikör
- Rosenzucker nach Geschmack
- weiße Kuvertüre zum Tunken
- Rosenzucker zum Bestreuen
- Konfektkapseln

Zubereitung:

» Marmelade, Likör, gemahlene Nüsse und den Zucker gut abmischen. 1 Stunde kühl stellen.

» Danach aus der Masse kleine Kugeln formen. Die Kuvertüre im Wasserbad schmelzen und die Kugeln damit überziehen.

» Kurz vor dem Festwerden mit Rosenzucker bestreuen.

November

November, man sollte glauben, es ist grau und dunkel, aber nein, heuer und heute scheint die Sonne und ich gehe Hagebutten pflücken.

Hagebuttenmarmelade

Bei uns im Garten wachsen sie in Bio-Qualität.

Zubereitung:

» Ich befreie die Früchte vom Stängelansatz und schneide das Köpfchen weg. Dann wasche ich sie, übergieße sie mit Wasser und stelle sie zugedeckt über Nacht auf den Balkon.

» Am nächsten Morgen werden sie mit dem Weichwasser zugestellt und 30–45 Minuten gekocht. Dann fängt die mühsame Arbeit an.

» Durch ein feines Haarsieb am besten mit einem Passierstab passieren. Die Reste nochmals mit etwas Wasser verrühren, aufkochen und wieder passieren. Dann noch ein drittes Mal. Die gesamte Masse passiere ich nochmals durch, das geht dann schnell.

» Das Ganze wird abgemessen und mit der gleichen Menge Gelierzucker 1:1 zum Kochen gebracht.

» 4–6 Minuten köcheln lassen, in vorbereitete Gläser füllen, verschließen, zudecken und über Nacht stehen lassen.

» Am nächsten Tag etikettieren und in den Vorratsschrank stellen.

Nun habe ich noch die übriggebliebenen Kerne, mit Härchen verklebt und auch einige Schalenreste kleben noch daran. Ich habe zwei Möglichkeiten:

Ergibt einen wunderbaren Likör.

Likör

» Ich übergieße das Ganze mit einer Flasche Korn und lasse es 4–6 Wochen stehen, filtere dann und gebe Läuterzucker nach Geschmack dazu.

Kernlestee

» Das ist etwas mühsamer, aber das Ergebnis macht Freude. Ich wasche die Kerne, 1 Mal, 2 Mal und noch einige Male, bis sie sauber sind und von allem befreit.

» Gebe sie dann auf ein Backblech und lasse sie trocknen.

» Diese Kerne verwende ich dann für Tee, den sogenannten Kernlestee.

Er hat einen feinen vanilligen Geschmack und soll steinlösend wirken.

Tee

» Hagebuttenfrüchte habe ich auch halbiert und getrocknet, so habe ich für verschiedene Wintertee-mischungen immer Vitamin C zum Zuführen.

Weil es im November zeitig dunkel wird und ich eine leidenschaftliche Teemischerin bin (der Duft, der beim Mischen verschiedener Kräuter in meine Nase steigt, betört mich immer wieder), habe ich noch zwei Mischungen vorbereitet.

Nerventee „Es herbstelt“ Nr. 2

» Ich nehme Spitzwegerich, Schafgarbe, Himbeerblätter, Quendel, Melisse, Erika und die Blüten der Königskerze.

» Diese Teemischung bereite ich im Heißaufguß.

» Das heißt: Ich übergieße mit heißem Wasser, lasse 7 Minuten zugedeckt ziehen und seihe dann ab, siehe Seite 13.

Tee, der glücklich macht

» Hier nehme ich Melisse, Wilden Majoran, auch Dost genannt, Basilikum, Brombeerblätter, Odermennig und als Farbtupfer Monarde und Königskerze.

» Diese Teemischung bereite ich im Heißaufguß.

Quittengelee

Und weil die Arbeit im November so überhaupt nicht abreißt, muss, nein darf ich auch noch die Quitten zu Quittengelee verarbeiten. Heuer hatten wir eine wunderbare Ernte. Ich habe sie zu Hause noch etwas liegen lassen, der Duft ist sagenhaft und nun geht's ans Verarbeiten.

Zubereitung:

» Der 1. Arbeitsgang ist Quitten von ihrem Pelz zu befreien. 2. Waschen. 3. Zerteilen. Stängel und Blütenansätze gehören sowieso weg, ich gebe auch das Kerngehäuse weg, die Verarbeitung ist dann leichter.

» Für einen Arbeitsgang nehme ich 2 kg Quitten. Sind sie zerteilt, kommen sie in 1 ½ l Wasser, das mit dem Saft von 2 Zitronen versetzt wurde. Nun koche ich das Ganze zugedeckt 45 Minuten. Dann wird gefiltert.

» Ich nehme einen großen Topf, gebe ein großes Sieb hinein und in das Sieb kommt eine Stoffwindel, die ich immer für solche Zwecke verwende. Nun wird das Gekochte hineingeleert und wir lassen es abtropfen. Dann wird gemessen und mit der gleichen Menge Gelierzucker 1:1 ein ganz feines Quittengelee gekocht. Wie beim Marmeladekochen üblich, 4–6 Minuten köcheln.

» Heiß in vorbereitete Gläser füllen und verschließen.

Quittenkas

Nun kommen die im Sieb verbliebenen Reste dran:

» Ich gebe sie zurück in den Topf und dann hilft mir der Stabmixer. Das ist der Vorteil, weil ich das Kerngehäuse sparsam entfernt habe. Die Masse ordentlich durchmixen und mit 500 g Zucker vermischen. Nochmals auf den Herd stellen und einige Zeit, unter ständigem Rühren, köcheln lassen, bis eine relativ feste Masse entstanden ist.

» Diese Masse wird nun auf ein mit Backpapier belegtes Blech gestrichen. Das tiefe Blech nehmen und bei 60–70 °C Umluft ins Rohr schieben. Das Backrohr einen Spalt offen lassen (Kochlöffel dazwischenschieben) und während der nächsten 2 Tage immer wieder Backrohr aufdrehen, Backrohr abdrehen.

» Nach 2 Tagen herausnehmen und auf ein frisches Backpapier stürzen.

» Weitere 3 Tage mit einem dünnen Tuch abgedeckt stehen lassen. Dann solle die Masse fertig sein und wir haben einen wunderbaren Quittenkas.

» Die Platte auf ein Schneidbrett geben und erst in Streifen, dann in Würfel schneiden. In Kristallzucker wälzen und in vorbereitete Gläser geben.

» Beschriften. Haltbarkeit ca. 1 Jahr, aber so lange schafft man es leider nie. Suchtgefahr.

Quittenessig

Weil es heuer so viele Quitten sind – gibt's auch noch Quittenessig.

Zutaten:

- 2 große Quitten
- 10 Gewürznelken
- 1 Sternanis
- 1 kleines Stück frischer Ingwer
- 1 l Bio-Apfelessig

Zubereitung:

» Ich gebe die Nelken mit dem Sternanis in den Mörser und verreibe. Um einen besseren Duft zu erlangen, röste ich sie dann in einer Pfanne kurz an und lösche mit Essig ab.

» Danach gebe ich die gewaschenen, klein geschnittenen Quitten in ein Glas, gebe den Ingwer dazu und den mit den Gewürzen versetzten Essig.

» Nun lasse ich das Ganze in einem verschlossenen Glas 14 Tage lang stehen.

» Filtern, in hübsche Flaschen füllen und genießen.

Quittenkerne

- Damit uns auch die Quittenkerne nicht verloren gehen, nehmen wir schöne, unversehrte Kerne und trocknen sie.
- In einem Glas aufbewahren und bei Bedarf (ich glaube, ich bekomme einen Husten) einen Teelöffel davon mit warmem Wasser übergießen und einige Stunden stehen lassen. Von diesem Wasser dann ab und zu ein Schlückchen nehmen.

Tut den Bronchien gut und vertreibt den Husten.

Joghurtbrot

Ein Rezept, das ich euch auch besonders ans Herz legen möchte, ist das Joghurtbrot. Der Vorteil: Es ist wunderbar am Abend vorzubereiten und zum Frühstück haben wir frisches Brot. Es gibt kaum was Besseres als frisches Brot mit Butter.

Zutaten:

- 330 g glattes Mehl
- 100 g Roggenmehl
- 70 g Roggenvollkornmehl
- 250 ml lauwarmes Wasser
- 100 g Joghurt
- 10 g Kräutersalz
- 10 g Brotgewürz (Kümmel, Fenchel, Koriander gemahlen)
- 2 g Germ

Zubereitung:

» Lauwarmes Wasser und Joghurt in eine Rührschüssel geben, Mehle, Salz, Germ und Gewürze dazu und 5 Minuten mit dem Knethaken bearbeiten. Zudecken und über Nacht stehen lassen. Wer es lieber tagsüber macht, 8 Stunden Ruhezeit einplanen.

» Am Morgen dann aus der Rührschüssel nehmen und einen Laib formen. Diesen auf eine Brotschaufel legen und nochmals zugedeckt 10 Minuten gehen lassen.

» Inzwischen das Backrohr auf 220 °C vorheizen (Ich habe einen Stein im Backrohr, der sich sehr gut eignet). Den Laib dann ins Rohr schieben und unter Dampf 45 Minuten backen.

» Etwas überkühlen lassen und genießen.

Scharfe Pfefferoni-Würzpaste

Sowohl im Garten als auch am Balkon habe ich Pfefferoni in verschiedenen Größen und Schärfen gesetzt. Alle aus Samen gezogen, darum sind es dann doch sehr viele geworden. Ein Teil wurde getrocknet und zu Pulver vermahlen und dann habe ich eine Paste versucht. Sie wird auf jeden Fall in mein Jahresprogramm aufgenommen.

Zutaten:

- 250 g rote Pfefferoni gemischt
- 200 ml Wasser
- 1 TL Zucker
- 1 TL Essig
- 1 TL Öl
- 1 TL Pfeffersalz (alternativ normales Salz)

Zubereitung:

» Die Pfefferoni schneiden und dabei den grünen Ansatz entfernen. Mit Handschuhen und Mundschutz arbeiten ist von Vorteil. Die Pfefferoni mit dem Wasser zustellen und auf kleiner Flamme 15 Minuten köcheln lassen.

» Danach abseihen und die Pfefferoni in einen Mixbecher geben. Die Würzzutaten, Salz, Essig, Zucker und Öl dazugeben und mit dem Stabmixer kräftig durchmixen. So lange, bis eine schöne Paste entstanden ist.

» In kleine Gläser füllen und diese verschließen. Im Wasserbad danach noch 30 Minuten einkochen, das verlängert die Haltbarkeit.

» Angebrochene Gläser kühl lagern.

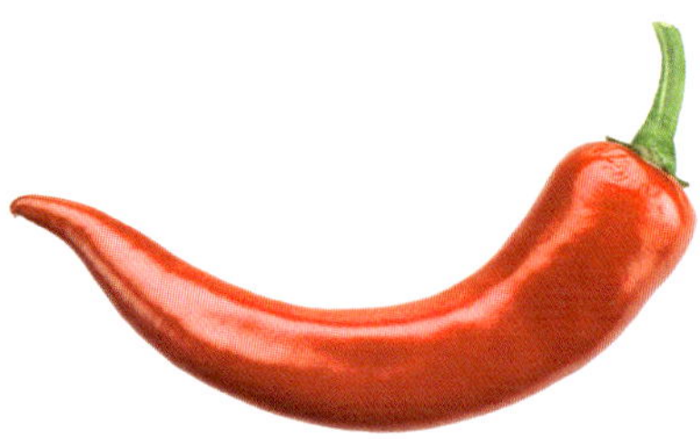

Kümmel-Magen-bitter

Nun gut, es war auch wieder Zeit einen Kümmel-Magenbitter anzusetzen. Das geht ganz schnell.

Zutaten:

- 50 g Kümmel
- 1 l Weinbrand
- 400 ml Läuterzucker

Zubereitung:

» Ich gebe den Kümmel in ein großes Glas und gieße mit dem Weinbrand auf. Nun soll der Ansatz 1 Woche lang stehen. Dann wird gefiltert und mit Läuterzucker gestreckt. Bei Blähungen oder leichten Magenverstimmungen reicht ein Gläschen, um sich wieder wohlzufühlen. Läuterzucker entsteht, wenn ich Zucker und Wasser im Verhältnis 1:1 mische und zum Kochen bringe. 10 Minuten köcheln lassen.

Ist auch als kleines, persönliches Geschenk eine tolle Sache.

Brennnessel-Mohn-Pralinen

Draußen ist es kalt und nebelig. Da ich wieder einmal Weihnachtsbäckerei in der Pfarre mache, überlege ich mir auch ein Rezept, wo ich meine geliebten Wildkräuter einbauen kann. Ja, es wurden dann Brennnessel-Mohn-Pralinen. Ich liebe Brennnesselsamen und verwende sie gerne und immer wieder. In Salz, zu pikanten Keksen auf einem Butterbrot, in meiner Brotgewürzmischung oder wie vor Weihnachten, süß.

Zutaten:

- 400 g Marzipan
- 2 EL Brennnesselsamen
- 1 EL Mohn, ungerieben
- 1 EL Honig
- 1 Schuss Sirup (Holunder, Dirndl oder auch Brennnesselsirup), was gerade zur Hand ist
- Schokoladeglasur
- Konfektkapseln

Zubereitung:

» Alle Zutaten miteinander verkneten und kleine Kugerl formen. Diese dann in erwärmte Schokoglasur tunken, trocknen lassen und in Konfektkapseln setzen.

Dessert mit 3erlei von der Kuh

Ein ganz schnell gemachtes Dessert, ist mein – ich nenne es Dessert mit 3erlei von der Kuh. Man kann es so wunderbar variieren, es schmeckt immer ein bisschen anders, ist rasch vorbereitet, nur die Kühlzeit dauert länger.

Zutaten:

- 350 ml Milch
- 125 ml Cremefine zum Schlagen oder Obers
- 150 g Zucker
- 250 g Joghurt
- 150 ml Sirup (Holler, Kriecherl, Schafgarbe, Brennnessel etc.) oder Kaffee
- 6 Blatt Gelatine

Zubereitung:

» Gelatine in kaltem Wasser ca. 10 Minuten einweichen. Milch, Cremefine und Zucker aufkochen, Die ausgedrückte Gelatine in einem Teil der Mischung auflösen, den Rest zufügen sowie den Sirup.

» Alles in kleine Gläser füllen und für 2–3 Stunden kalt stellen.

» Danach entweder mit Obst, Schlagobers oder Marmelade servieren.

Kletzerl-Kakao-Guglhupf

Ich habe von einem lieben Freund eine Flasche selbst gemachten Kletzerl-likör bekommen. Ja und daraus wurde dann der Kletzerl-Kakao-Guglhupf.

Zutaten:

- 250 g griffiges Mehl
- 1 Pkg. Backpulver
- 5 Eier getrennt
- 250 g Staubzucker
- 1 Prise Salz
- 1 Prise geriebene Zitronenschale
- 250 ml Kletzerl oder anderer Cremelikör
- 250 ml Sonnenblumenöl
- 2 EL Kakao
- Fett für die Form

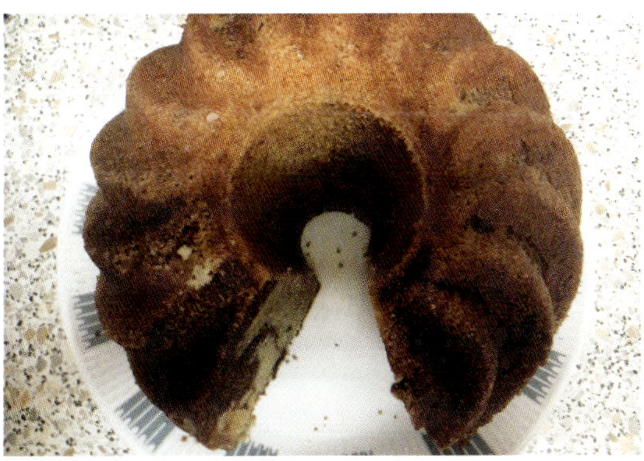

Zubereitung:

» Dotter mit Staubzucker, Salz und Zitronenschale cremig rühren, Kletzerl nach und nach einrühren. Dann das Öl langsam dazugeben. Am besten in einer Küchenmaschine. Das Eiklar zu festem Schnee schlagen. Nun den Eischnee abwechselnd mit dem mit Backpulver versiebten Mehl in die Dotter-Zuckermasse rühren.

» Gut die Hälfte der Masse in die vorbereitete Guglhupfform füllen. In die restliche Masse das Kakaopulver einrühren und über den Erstteig verteilen.

» In dem auf 150 °C vorgeheizten Backrohr ca. 60 Minuten backen.

» Nach 10 Minuten Rastzeit auf einen Teller stürzen und mit Staubzucker bestreuen.

Topfentorte im Mürbteigmantel

Ist euch auch wieder mal nach Backen? Eine Topfentorte im Mürbteigmantel steht heute auf dem Programm.

Zutaten Teig:

- 250 g glattes Mehl
- 50 g Staubzucker
- 125 g Butter
- 1 Ei
- etwas geriebene Zitronenschale
- 1 Prise Salz

Fülle:

- 4 Eier
- 350 g Topfen
- 350 g Frischkäse
- 120 g Staubzucker
- 1 Handvoll Rosinen, in Rum eingeweicht
- 1 Pkg. Vanillepudding
- 250 ml Milch

Zubereitung:

» Aus den Teigzutaten einen Mürbteig kneten und diesen 1 Stunde kühl rasten lassen.

» Für die Fülle die Eier trennen. Aus dem Eiklar Schnee schlagen. Die Dotter mit Zucker, Topfen, Frischkäse schaumig rühren. Die Milch und das Puddingpulver einrühren. Die in Rum getränkten Rosinen und zuletzt den Schnee unterheben.

» Den Teig ausrollen, und zwar größer als die Form, dadurch können wir in der vorbereiteten Form einen Rand hochdrücken.

» Die Fülle darauf verteilen und im vorgeheizten Backrohr bei ca. 150 °C 60 Minuten backen.

Rumpops

Eine schnell gemachte Kleinigkeit oder ein Mitbringsel, das willkommen ist.

Zutaten:

- 1 Pkg. Biskotten
- 1 Pkg. Butterkekse
- 3 TL getrocknete Cranberries
- 3 EL Marmelade nach Wahl
- 150 g Rohrzucker
- 200 ml Wasser
- 1 kräftiger Schuss Rum

Für die Verzierung:

- Fettglasur
- Streusel
- Stäbchen zum Aufspießen

Zubereitung:

» ½ Pkg. Biskotten und die ½ Pkg. Butterkekse fein reiben, den Rest mit dem Nudelwalker grob zerbröseln. Beides vermischen. Wasser, Zucker, Cranberries, Marmelade und Rum erhitzen. Aufkochen, abdrehen, auskühlen lassen. Die vermischte Keksmasse einrühren und kalt stellen.

» Wenn die Masse schön abgekühlt ist, mit Hilfe eines Eisportionierers Kugeln formen, in die erwärmte Glasur tunken, bestreuseln und auf Stäbchen stecken.

Badeblüten oder Herzen

Ein Rezept, das auch zum Genießen ist, sind Badeblüten oder Herzen, allerdings nur in der Badewanne.

Zutaten:

- 100 g Natron
- 50 g Maizena
- 50 g Kakaobutter
- 50 g Zitronensäure
- 5–6 Tropfen ätherisches Öl nach Wahl

Blüten:

- Malve, Rose, Lavendel, Kamille, da bieten sich gar viele an.

Zubereitung:

» Die trockenen Zutaten mischen. Die Kakaobutter im Wasserbad schmelzen. Alle Zutaten zusammenrühren. Mit dem ätherischen Öl beduften.

» Gleichschwere Kugeln formen und diese in die Silikonformen pressen. Wer mag, kann noch mit Lebensmittelfarben andere Farbtöne herstellen.

» Wenn ich Rosenblüten nehme, dann verwöhne ich mich selbst. Nehme ich Lavendel, dann wirkt dieser beruhigend, das Gleiche macht auch die Malve. Die Kamille wieder ist geeignet, wenn wir den Körper von Schlacken befreien wollen, sie hilft beim Entgiften.

Ich pulverisiere die Blüten. Ehe ich sie in die Wanne gebe, stecke ich die Blüten in ein Chiffonsäckchen, damit die Badewanne nicht verstopft wird.

Feste Handcreme

Habt ihr schon einmal eine feste Handcreme verwendet? Einmal probiert, wollt ihr sie immer wieder.

Zutaten:

- 26 g Kakaobutter
- 18 g Bienenwachs
- 18 g Sheabutter
- 9 g Jojobaöl
- ätherisches Öl nach Wahl. Ich nehme sehr gerne Zitrone oder Orange.

Zubereitung:

» Alle Zutaten außer dem ätherischen Öl im Wasserbad sanft schmelzen. Zum Schluss das ätherische Öl einrühren und das Ganze in kleine Silikonförmchen füllen.

» Erkalten lassen, rausdrücken und den Händen Gutes tun.

November ist auch immer die Zeit, in welcher ich Seife mache. Ein Mal im Jahr muss das sein und ... wer einmal selbst gerührte Seife verwendet hat, nimmt nie mehr eine andere. Ich habe mich für zwei einfache Varianten entschieden und ich verziere auch nicht mit Blüten oder Farben.

Beim Seifenrühren arbeite ich immer mit Schutzbrille und Handschuhen. Es ist von Vorteil, wenn man schon einmal bei einem Seifensiedekurs dabei war.

Lavendelseife „Lavandula"

Zutaten:

Für die Lauge:

- 135 g NaOH = Natriumhydroxid = Ätznatron
- 335 ml Lavendeltee
- 1 Prise Salz

Fette:

- 200 g Kokosfett
- 25 g Bienenwachs
- 250 g Palmöl
- 225 g Olivenöl
- 200 g Rapsöl
- 100 g Sonnenblumenöl
- 20 ml ätherisches Lavendelöl zum Beduften

Das Palmöl kann auch durch Kakaobutter ersetzt werden.

Zubereitung:

» Alle Zutaten grammgenau abwiegen. Den kalten Tee abwiegen. Etwas Tee wegnehmen und mit der Prise Salz versetzen. Zur Seite stellen.

» Das NaOH **in die Flüssigkeit einrühren,** nie umgekehrt (nicht auf die Schutzbrille vergessen). Diese Flüssigkeit wird durch das Verrühren mit dem NaOH sehr heiß, darum mache ich es immer auf dem Balkon. Auskühlen lassen und erst dann den Resttee mit dem Salz einrühren.

» In der Zwischenzeit geht es ans Schmelzen der Fette. Zuerst die festen Fette schmelzen, dann die flüssigen Fette dazugeben. Etwas auskühlen lassen und das Laugengemisch einrühren. Das geht am besten mit einem Pürierstab.

» Wenn die Konsistenz puddingartig ist, wird noch das ätherische Öl eingerührt und dann kommt die Masse in eine vorbereitete Form. Ich habe eine alte Weinkassette, die ich mit Backpapier oder Plastikfolie auslege.

» Die Seifenmasse in die Kassette leeren, einen Deckel darübergeben und vorsichtig auf eine Decke stellen. Nun wird das Seifenkisterl mit der Decke warmgehalten. 24 Stunden möchte die Seife schon ruhen, ehe man sie herausholt. Fertig ist sie da aber noch immer nicht.

» Nun wird sie in schöne, gleichmäßige Teile geschnitten. Ich gebe dann gerne, solange sie noch nicht ganz fest ist, einen Stempel darauf. Zwischen Papierlagen packe ich sie in Schachteln und stelle sie zum Trocknen in den Schrank. 4–6 Wochen sollte man sie nun in Ruhe lassen.

Zitronenseife „Zitronella

Zutaten:

Für die Lauge:

- 135 g NaOH
- 335 g Zitronentee

Fette:

- 250 g Palmöl
- 200 g Kokosfett
- 150 g Olivenöl
- 300 g Rapsöl
- 100 g Distelöl

ätherische Öle:

- 20 ml Zitrone
- 5 ml Latschenkiefer

Zubereitung:

» wie bei Lavendelseife

Karottenöl

Das sollte man sich auch manchmal gönnen. Es schützt die Zellen, beugt Hautalterung vor, mildert Falten und tut unserer Haut einfach gut.

Zubereitung:

» Ich mache es gerne im Heißauszug.

» 2 Karotten dünn schneiden und im Backrohr oder im Dörrapparat bei 50 °C ca. 3 Stunden trocknen. 300 ml Bio-Sonnenblumenöl sanft erwärmen und zusammen mit den getrockneten Karottenscheiben 3 Stunden bei sanfter Hitze ziehen lassen.

» Auskühlen, am besten über Nacht stehen lassen. Am nächsten Morgen filtern und abfüllen.

Narbenkiller

Narbenkiller

Weil der November zum Seifensieden, Creme- und Salbenrühren einlädt, auch noch das Rezept für einen Narbenkiller.

Zutaten:

- 50 ml Hagebuttenöl
- 35 ml Rotöl (Johanniskrautöl)
- 50 g Sheabutter
- 2 g Emulsan
- 10 ml Gänseblümchentinktur
- Lanolin
- 15 Tropfen Sanddornfruchtfleischöl

Zubereitung:

» Das Hagebuttenöl, das Rotöl, die Sheabutter und das Lanolin in ein Glasgefäß geben und dieses in ein Wasserbad stellen. Die festen Fette langsam schmelzen. Auch die Tinktur im Wasserbad leicht erwärmen und dann tropfenweise miteinrühren. Ich habe mir dazu einen kleinen Milchaufschäumer geleistet.

» Wenn alles gut vermischt ist, aus dem Wasserbad nehmen und noch weiterrühren. Wenn die Masse überkühlt ist, das Sanddornfruchtfleischöl einrühren.

» In kleine Tiegel oder Gläser füllen und beschriften.

Dezember

Gänseblümchen-Knäcke

Nachdem ja auch zu dieser Jahreszeit oft noch Gänseblümchen wachsen, möchte ich das Rezept für Gänseblümchen-Knäcke dazustellen.

Zutaten:

- 150 g glattes Mehl
- 300 ml prickelndes Mineralwasser
- 250 g geriebener Käse (Emmentaler, Gouda, was grad da ist)
- 2 Handvoll Gänseblümchen
- eventuell etwas Vogelmiere
- Kräutersalz
- etwas Chilipulver

Zubereitung:

» Mehl, Salz, Wasser mit dem Handmixer verrühren. Es geht auch ein Quirl. Den Käse und die fein gehackten Kräuter einrühren. Würzen. Es entsteht ein dünnflüssiger Teig. Diesen auf ein mit Backpapier belegtes Blech, das zuvor mit Öl eingepinselt wurde, verteilen.

» Bei 220 °C ungefähr 25 Minuten backen. In gefällige Stücke brechen und vernaschen.

Wenn man zur Hälfte der Backzeit mit einem Pizzaradl Sollbruchstellen anlegt, werden die Stücke gefälliger. Nach dem Auskühlen und Brechen nochmals bei geringer Temperatur nachtrocknen, damit sie auch schön knackig sind.

Paradeispesto

Wenn wir im Herbst noch eine reichliche Paradeisererernte hatten, diese vielleicht getrocknet und in Öl eingelegt konservierten, dann können wir uns jetzt ein traumhaft gutes Paradeispesto machen. Mein Enkel liebt es über alles. Weißbrot mit Paradeispesto, nicht nur als Vorspeise, ein absolutes MUSS.

Zutaten:

- 100 g abgetropfte, getrocknete Paradeiser (Tomaten) aus dem Glas. Bei der Schwemme heuer habe ich ziemlich viele getrocknet und dann in Öl, Knoblauch und Rosmarin eingelegt.
- 50 g geriebene Mandeln (oder Nüsse, Haselnüsse, was da ist)
- 70 g geriebener Edamer (den hatte ich noch im Kühlschrank)
- 100 ml Sonnenblumenöl, es geht aber auch Olivenöl
- Salz, Pfeffer
- Chili
- und wenn zufällig noch einige Oliven im Kühlschrank sind, kann man auch diese dazugeben

Zubereitung:

» Alles zusammen in der Küchenmaschine durchmixen und in Gläser füllen.

» Auf Weißbrot serviert, ein Hammer.

Aztekenbrötchen mit Dip

Zutaten:

- 60 g Leinsamen
- 60 g Chiasamen
- 250 g Topfen
- 2 Eier
- Salz, Pfeffer
- Kurkuma
- 100 g Jungzwiebel
- Giersch
- Kürbiskerne
- Sonnenblumenkerne

Für den Dip:

- 1 Pkg. Topfen
- 1 Becher Crème fraîche
- Kräuter nach Wahl (Giersch, Schnittlauch, Petersilie)
- Kräutersalz nach Wahl

Zubereitung:

» Chiasamen, Leinsamen, Topfen, Eier, Salz, Pfeffer, Kurkuma gut abrühren und 30 Minuten ruhen lassen.

» Inzwischen die Zwiebel in feine Ringe schneiden und die Kräuter fein hacken. Unter die Topfen-Ei-Masse rühren. 12 Häufchen auf ein vorbereitetes Backblech setzen, leicht andrücken, mit den gehackten Kernen bestreuen.

» Bei 200 °C ca. 25 Minuten backen. Währenddessen den Dip rühren.

» Alle Zutaten vermischen, gut würzen und servieren.

Wutzinudeln

Wutzinudeln (Mohnnudeln aus Kartoffelteig) sind etwas, das von meinen Lieben immer gerne gegessen wird.

Zutaten:

- 500 g Erdäpfel
- 100 g glattes Mehl
- 50 g Grieß
- 1 Dotter
- 50 g Butter
- 1 Prise Salz

Zum Wenden:

- 100 g geriebener Mohn
- 80 g Zucker
- Butter

Zubereitung:

» Erdäpfel mit der Schale kochen, schälen und durch die Kartoffelpresse drücken. Mehl, Grieß, Dotter, Salz und Butter dazugeben und zu einem glatten Teig kneten.

» Zerteilen, rund rollen, kleine Stücke abschneiden und zu *Wutzinudel* formen. In Salzwasser 5 Minuten ziehen lassen, herausnehmen und in der Butter-Mohn-Zuckermischung schwenken.

» Mit Staubzucker bestreuen und mit Apfelmus oder Weingartenpfirsichröster bzw. mit Marmelade servieren.

Wutzinudeln

Palatschinken

Palatschinken

Etwas, das immer und zu jeder Jahreszeit geht, sind Palatschinken. Da ich immer viele verschiedene Marmeladen und Gelees mache, ist das eine gute Verwendung, mit selbst gemachter Marmelade schmecken sie ja viel besser.

Zutaten:

- 2 Eier
- 350 ml Milch
- ca. 200 g glattes Mehl
- 1 Prise Salz
- etwas Mineralwasser

Zum Fertigstellen:

- Öl
- Marmelade
- Staubzucker

Zubereitung:

» Aus den Zutaten einen nicht zu dickflüssigen Teig bereiten.

» 15–20 Minuten rasten lassen. Dann in heißem Fett dünne Palatschinken backen.

» Mit Marmelade bestreichen, aufrollen und mit Staubzucker bestreuen.

Gesunde Ingwer-Happen

Zutaten:

- 50 g Ingwer, kandiert
- 50 g Marillen, getrocknet
- 100 g Nüsse
- 100 g Bitterschokolade

Zubereitung:

» Ingwer und Marillen klein schneiden, Nüsse hacken, Schokolade schmelzen.

» Alles vermischen und kleine Häufchen auf ein vorbereitetes, mit Backpapier belegtes Backblech setzen. Kühl stellen, aber nicht in den Kühlschrank.

» Wenn alles schön fest ist, in Kakao wälzen und in Konfektförmchen setzen.

Sektgelee

Ich wollte wieder einmal etwas ausprobieren. Das Ergebnis gefällt mir und ich nenne es: Sektgelee.

Zutaten:

- 150 ml Sirup, mit Wasser verdünnt (ich habe Sambuccus-racemosa-Sirup, das ist der Sirup vom Roten Holunder siehe Seite 139, genommen)
- 70 g Zucker
- 300 ml Sekt
- 6 Blätter Gelatine
- Beeren zum Verzieren
- Schlagobers

Zubereitung:

» Sirupwasser mit Zucker aufkochen, eingeweichte Gelatine darin auflösen. Mit dem Sekt aufgießen und in die vorbereiteten Gläser füllen. Eventuell eine Erdbeere oder eine Himbeere im Glas versenken. Kalt stellen.

» Vor dem Servieren einen Tupf Schlagobers darauf verteilen.

Rotweingelee

Rotweingelee mit weihnachtlichen Gewürzen, ein Rezept, das man gerne selbst genießt, aber auch gerne schön verpackt verschenkt.

Zutaten:

- 350 ml Rotwein
- Zimt
- Nelkenwurz
- Sternanis
- 250 g Gelierzucker 2:1

Zubereitung:

» Gewürze im erhitzten Rotwein 15 Minuten ausziehen lassen. Dann abseihen, den Gelierzucker zufügen und 5 Minuten sprudelnd kochen.

» Noch heiß abfüllen.

Sektgelee

Apfelkuchen mit Rahm und Nüssen

Noch einmal ein Apfelkuchen, weil Apfelkuchen immer geht.

Zutaten:

- 200 g glattes Mehl
- ½ Pkg. Backpulver
- 120 g Rohrzucker
- 1 EL Holunderzucker
- 200 g weiche Butter
- 1 Prise Salz
- 150 g Sauerrahm
- 4 Eier getrennt
- 5 Äpfel, geschält und gewürfelt
- etwas Zitronenschale
- 1 Handvoll Walnüsse, grob gehackt

Zubereitung:

» Eidotter, Zucker und Hollerzucker schaumig rühren. Nach und nach die weiche Butter zufügen. Zitronenschale und Sauerrahm einrühren. Dann das mit Backpulver versiebte Mehl und zum Schluss den geschlagenen Eischnee unterheben. Teig in eine vorbereitete Form füllen.

» Die gewürfelten Äpfel darauf verteilen und den Abschluss bilden die gehackten Walnüsse.

» Ins auf 175 °C vorgeheizte Backrohr schieben und 35–40 Minuten backen. Eventuell nach ⅔ der Zeit mit Alufolie abdecken, damit der Kuchen nicht zu dunkel wird.

» Mit Staubzucker bestreut servieren.

Hildegards Nervenkekse

Sie sind nicht nur im Dezember ein MUSS. Die gehen immer, jeder mag sie und man kann sie gut auf Vorrat backen.

Zutaten:

- 500 g Dinkelmehl
- 200 g Butter
- 125 g feiner Rohrzucker
- 100 g gemahlene Mandeln
- 1 Prise Salz
- 2 EL Hildegard Gewürzmischung
- 2 Eier
- 50 ml Milch

Zubereitung:

» Aus den Zutaten einen Mürbteig bereiten und diesen 1 Stunde rasten lassen. Auswalken und verschiedene Kekse ausstechen. Bei 180 °C ca. 10 Minuten backen. Hildegard von Bingen schreibt: Essen Sie Nervenkekse bewusst und so viel, wie Ihnen wohltuend erscheint.

Hildegard Gewürzmischung

Zutaten:

- 45 g Zimtpulver
- 45 g Muskatnusspulver
- 10 g Nelkenpulver

Zubereitung:

» Alles vermischen und in einem Glas aufbewahren.

Hausfreunde

Auch Hausfreunde dürfen nicht fehlen.

Zutaten:

- 400 g glattes Mehl
- ½ Pkg. Backpulver
- 250 g Staubzucker
- 4 Eier
- 3–4 EL Rum
- Schokolade
- Nüsse
- Aranzini
- Rosinen

Zubereitung:

» Eier mit dem Staubzucker verrühren, das mit Backpulver versiebte Mehl zufügen und gut durchmixen. Den Rum und im Anschluss die gehackte Schokolade, Rosinen, Aranzini und die ebenfalls gehackten Nüsse einarbeiten.

» Den Teig auf ein bemehltes Brett geben, wenn der Teig zu weich ist, eventuell noch etwas Mehl einarbeiten.

» Den Teig dann in 4 Teile teilen und jedes Teigstück zu einer Rolle formen. Sie sollte die Länge der Breitseite des Bleches haben. Alle 4 Stränge auf ein Backblech legen und im vorgeheizten Backrohr bei 170 °C ca. 25 Minuten backen.

» Noch warm in gefällige Scheiben schneiden.

Maronipralinen

Maroni, die Edelkastanie, schmeckt ja nicht nur gut, sie ist auch Heilnahrung bei verschiedenen Krankheiten. Darum möchte ich auch die Maronipralinen nicht missen.

Zutaten:

- 300 g Maroni, gekocht
- 150 g Zucker
- 150 g Wasser
- 2 EL Staubzucker
- 2 EL Rum
- 1 Prise Salz
- 250 g dunkle Kuvertüre
- 50 g weiße Kuvertüre
- Pralinenhohlkörper
- Pralinenkapseln

Zubereitung:

» Für das Maronipüree Läuterzucker (Wasser und Zucker zu gleichen Teilen) 5 Minuten köcheln lassen. Zusammen mit den gekochten Maroni pürieren. (300 g Maroni, 150 g Zucker und 150 g Wasser = 500 g Maronipüree). Das Maronipüree mit dem Staubzucker, Rum und einer Prise Salz verrühren, so dass eine eher weichere Masse entsteht. In einen Dressiersack füllen und die Hohlkörper damit füllen. Kalt stellen.

» In der Zwischenzeit die dunkle Kuvertüre im Wasserbad schmelzen und die gefüllten Kugeln damit verschließen. Wieder kalt stellen.

» Nach 30 Minuten die nun verschlossenen Pralinen durch die erwärmte Kuvertüre ziehen und auf ein Gitter oder Backpapier legen. Wenn die Glasur fest ist, mit etwas weißer Kuvertüre verzieren.

» In Pralinenkapseln setzen und kühl lagern.

Kaiserpunschtrüffel

Dezember, auch die Zeit, wo wir Weihnachtsbäckerei machen, einen Adventkalender basteln, in Vorfreude und Erwartung sind. Einige der Köstlichkeiten in den folgenden Rezepten.

Zutaten:

- 400 g Vollmilchkuvertüre
- 100 ml Kaiserpunsch (alternativ Glühwein)
- 80 g Butter
- geriebene Orangenschale
- Zimt
- 1 Prise Salz

Zum Wälzen:

- Rote-Rüben-Pulver (alternativ Kakao)

Zubereitung:

» Kuvertüre hacken, Kaiserpunsch erwärmen, Butter und Gewürze zufügen.

» Dann unter ständigem Rühren die Kuvertüre darin schmelzen. Masse auskühlen lassen, Dauer im Kühlschrank ca. 5 Stunden. Danach mit Hilfe eines Löffels aus der Masse kleine Kugeln formen. Sofort in dem Rote-Rüben-Pulver wälzen.

» In Papierförmchen setzen und im Kühlschrank aufbewahren.

Kaiserpunsch

Der Kaiserpunsch, ja, wie kam es dazu, einen Kaiserpunsch zu fabrizieren? Von einer ganz lieben Freundin habe ich ein Buch aus dem Jahre 1903 geschenkt bekommen. Ein Wälzer, mit uralten Apothekerrezepten. Darunter war auch der Kaiserpunsch, allerdings mit Zutaten, die man in der heutigen Zeit kaum noch bekommt. So habe ich dann angefangen, das Rezept zu modernisieren. Gut, bei meinem Alter sage ich eher, der Zeit anzupassen. Was daraus geworden ist, solltet ihr auf jeden Fall probieren.

Zutaten:

- 1000 ml Wasser
- 500 g Zucker
- 1125 ml Rum 38 %
- 50 ml Süßwein (ich hatte noch eine Spätlese im Schrank)
- 1 Tropfen Bittermandelöl
- 5 Tropfen ätherisches Zitronenöl
- 8 g Zitronensäure

Zubereitung:

» Das Wasser mit dem Zucker zu Sirup kochen. Auskühlen lassen. Dann den Rum und den Süßwein einrühren und auch das ätherische Öl sowie den Tropfen Bittermandel. Alles gut verrühren.

» Wenn die Essenz komplett erkaltet ist, die Zitronensäure einrühren. Abfüllen und im verdünnten Zustand genießen.

Beim Verdünnen gibt es 2 Möglichkeiten:

» 200 ml Früchtetee und 50 ml Kaiserpunschessenz

» 100 ml Rotwein, 100 ml Wasser und 50 ml Kaiserpunschessenz. Heiß genießen.

Fruchtplätzchen

... und weil wir nun im letzten Monat des Jahres sind und Weihnachten vor der Tür steht, möchte ich doch meinen Gang durch das Jahr mit Keksen abschließen. Fruchtplätzchen, heiß geliebt und darum immer wieder im Programm.

Zutaten:

- 200 g weiche Butter
- 300 g Staubzucker
- 2 Pkg. Vanillezucker
- 1 Prise Salz
- 2 Eier
- 80 g Kokosett
- 100 g gehackte Walnüsse
- 50 g gehackte Rosinen
- 200 g glattes Mehl
- 1 ½ TL Backpulver
- 120 g Cornflakes, die mit einem Nudelholz etwas zerkleinert werden

Zubereitung:

» Butter, Zucker, Vanillezucker, Salz und Eier schaumig schlagen. Nacheinander Kokosett, Nüsse und Rosinen einrühren.

» Nun kommt das mit Backpulver versiebte Mehl dazu und zuletzt die Cornflakes. Mit 2 TL im Abstand von 4 cm kleine Häufchen auf ein mit Backpapier belegtes Backblech setzen.

» Im vorgeheizten Backrohr bei 170 °C ca. 10 Minuten backen.

Ein flotter Dreier

Brennnessel trifft Matcha und Quitte

Zutaten:

- 300 g glattes Mehl
- 6 g Matchapulver und 2 g Brennnesselpulver vermischt
- 100 g Staubzucker
- 200 g Butter
- Quittengelee
- etwas kaltes Wasser

Zubereitung:

» Mehl mit dem Matcha-Brennnesselpulver vermischen und den Zucker zufügen. In der Mitte eine Mulde machen und die Butter in kleinen Stücken sowie 3–4 EL kaltes Wasser zugeben. Alles zügig zu einem glatten Teig kneten. Diesen 30 Minuten kühl rasten lassen.

» Danach auswalken und kleine Blüten ausstechen. Bei der Hälfte der Blüten in der Mitte ein kleines Loch machen. Im auf 180 °C vorgeheizten Backrohr ca. 8–10 Minuten backen.

» Quittengelee verrühren und die Kekse damit bestreichen. Die Lochkekse mit einer Staubzucker-Matcha-Brennnesselmischung bestäuben und auf die mit Marmelade bestrichenen setzen.

Vanillekipferl

Zu Weihnachten ein MUSS.

Zutaten:

- 500 g glattes Mehl
- 400 g Butter
- 200 g geriebene Nüsse
- 150 g Staubzucker

zum Wälzen:

- 200 g Staubzucker
- 3 Pkg. Vanillezucker

Zubereitung:

» Aus den Teigzutaten einen Mürbteig bereiten und diesen 1 Stunde kühl rasten lassen. Danach zu einer Rolle formen und kleine Stücke davon abschneiden.

» Kipferl daraus machen, diese auf ein mit Backpapier belegtes Backblech setzen und rasch backen.

» Noch heiß in Vanillezucker drehen.

Ein flotter Dreier

Glücksschweinchen

Den Abschluss des Jahres bilden bei mir immer die Glücksschweinchen. Zu Neujahr in der Steiermark werden sie meist sehnsüchtig erwartet. Es ist ein einfaches Rezept, das ich auch gerne für Rummonde verwende, aber zu Neujahr werden es Glücksschweinchen.

Zutaten:

- 160 g weiche Butter
- 160 g Staubzucker
- 1 Pkg. Vanillezucker
- 1 Msp. Zimt
- 4 Eier
- 1 EL Rum
- 140 g glattes Mehl
- 4 EL Maizena
- 3 EL Kakao

Für die Glasur:

- 250 g Staubzucker
- 5–6 EL Rum

Zubereitung:

» Butter zusammen mit dem Zucker, Zimt und Vanillezucker cremig rühren. Nach und nach die Eier und den Rum dazugeben und den Teig schaumig rühren. Das Mehl mit dem Maizena und dem Kakao mischen und in den Teig sieben. Gründlich verrühren.

» Auf einem mit Backpapier belegten Blech verteilen und glatt streichen.

» Im vorgeheizten Backrohr bei 150 °C ca. 20 Minuten backen.

» Den Staubzucker mit Rum dickflüssig anrühren. Damit den noch warmen Kuchen an der Oberfläche bestreichen. Auskühlen und den Guss fest werden lassen.

» Vorsichtig mit einem Ausstecher Schweinchen ausstechen. Mit erwärmter Kuvertüre Augen und Jahreszahl anbringen.

Badesalz „Rosenduft"

Zu dieser Jahreszeit tut auch ein warmes Bad gut und wenn man dann noch den Luxus eines Badesalzes mit Rosenduft hat, vielleicht noch ein, zwei Teelichter anzündet, dann ist das Entspannung pur.

Zutaten:

- 500 g grobes Meersalz
- 15–20 g getrocknete Rosenblüten
- 10 Tropfen ätherisches Rosenöl
- 1 EL Jojobaöl

Zubereitung:

» Alles gut vermischen.

Anwendung:

» Für ein Vollbad gebe ich eine Handvoll in einen Waschlappen, verschließe mit einem Gummiringerl und lasse das Badewasser darüberfließen.

» Den Duft und das Bad genießen.

Das war nun ein kleiner Querschnitt durch ein Jahr. Die Natur gibt uns so viel, was wir gerne nützen sollten.

Rezeptindex

100 Krankheiten-Heiler-Rotwein 54
Angezogene Karotten 94
Anti-Husten-Wipferl-Würfel 90
Apfelchutney „HOT" 176
Apfelkuchen mit Rahm und Nüssen 203
Apfelkuchen mit versunkenen Äpfeln 20
Apfelmus, gepaart mit Hollerjoghurt und garniert mit Blütenkeksen 116
Apfelmuskuchen 153
Apfelmus nach Gerda-Oma 176
Apfelstreusel-Kuchen 152
Apfelstrudel aus Gleichschwer-Topfenteig 154
Auszogener Apfelstrudel 121
Aztekenbrötchen mit Dip 199
Badeblüten oder Herzen 192
Badesalz „Rosenduft" 212
Bärlauchaufstrich 43
Bärlauchessig 45
Bärlauchkasallerlei 65
Bärlauch-Kichererbsen-Aufstrich 43
Bärlauchlaibchen 61
Bärlauchmaki 64
Bärlauchöl 45
Bärlauchpaste 44
Bärlauchsalz 44
Bärlauchstangerl 66
Bärlauchzupfbrot 60
Becherknäcke mit Brennnesseln 42
Beerenstreuselkuchen 172
Beifußöl 145
Beinwellsalbe 23
Isabella-Gelee 177
Biskuitroulade „Opas Liebling" 102
Blätterteigröllchen mit Bärlauchcreme 65
Blütenherzerl 140
Blutwurztinktur 105
Brennnesselchips, in Bierteig gebacken 71
Brennnesselkekse, die glücklich machen 99
Brennnesselknödel 80
Brennnessellaberl 79
Brennnessel-Mohn-Pralinen 187
Brennnesselmuffins 81
Brennnesselnudeln 81
Brennnesselroulade mit pikanter Füllung 167
Brennnesselsalz 151
Brennnesselspinat 78
Brombeeren in Weinbrand 145
Brombeerknödel „Die heilige 7" 53
Brotchips 98
Brot im Topf 16
Desinfektionsmittel 55
Dessert mit 3erlei von der Kuh 188
Die-Rote-Isabella-Likör 177
Dinkel-Brennnesselstangerl 42
Dirndlaufstrich 139
Eierschwammerl eingelegt 130
Ein flotter Dreier 210
Einkochen der Suppe 108
Erdäpfelgulasch 16
Erdäpfelkas 33
Erdäpfelkekse mit Vogelmierencreme 38
Erdäpfel mit Blunzenradln und Blattsalat 14
Erdäpfelpüreelaberl 149
Erdbeerlikör 104
Feste Handcreme 193
Fisolen eingekocht 138
Fleischbällchen am Spieß 31
Forellenquadratln 35
Fruchtplätzchen 209
Frühlingskräuterquiche 36
Gänseblümchengelee 57
Gänseblümchenhonig 57
Gänseblümchen-Knäcke 197
Gänseblümchensalz 58
Gänseblümchentinktur 58
Gebackene Spargelstangerl mit Wildkräutercreme 84
Gefüllte Blüten 96
Gelenksalbe 24
Gelenksretterbecher 151
Gemüsemuffins 112
Geröstete Eierschwammerl mit Ei 129
Gesunde Ingwer-Happen 201
Glücksschweinchen 211
Goldene Butter 150
Goldrutenweckerl 150
Grammelfladen 92
Grünen Weckerl 49
Grüne Palatschinken, pikant gefüllt 34
Gurken mit Gemüse eingelegt 115

Gut durch den Winter ... 11
Gute-Laune-Tee ... 11
Hagebuttenküsse ... 157
Hagebuttenmarmelade ... 179
Hagebuttenpralinen mit Rosenzucker ... 178
Hagebuttenpralinen mit Rosenzucker 2 ... 178
Hagebuttensirup ... 156
Hasensalat ... 97
Hausfreunde ... 205
Heidelbeer-Topfen-Traum ... 117
Helles Brot (Dinkel-Weizen) ... 93
Herbsttee „Es herbstelt" Nr. 2 181
Hetscherl-Likör ... 162
Hexenhonig ... 139
Hexenpfeffer ... 91
Hildegard Gewürzmischung ... 204
Hildegards Nervenkekse ... 204
Himbeeressig ... 123
Himbeer-Fladen-Kuchen ... 100
Hokazi ... 159
Hollerblüten ... 103
Hollerblütenessig ... 87
Holler-Joghurt-Creme ... 73
Hollerlikör „Gut für Leib und Seele" ... 159
Hollersaftl „Steirerart" ... 158
Hollersirup ... 88
Hustentee ... 12
Hustentee 2 ... 26
Ingwersirup ... 55
Joghurtbrot ... 185
Kaiserpunsch ... 208
Kaiserpunschtrüffel ... 207
Karottengrüne Pesto ... 133
Karotten-Hummus ... 95
Karottenkuchen ... 52
Karottenöl ... 196
Kernlestee ... 180
Kirschenkompott, eingekocht ... 101
Kirschkernkissen ... 102
Kirsch-Mohnkuchen mit Rumglasur ... 101
Kletzerl-Kakao-Guglhupf ... 189
Knackige Brennnesselkräckers mit pikantem Hummus ... 82
Knoblauchbaguette ... 68
Knoblauchcreme-Suppe ... 131
Knoblauchpaste ... 131
Knofeknepf ... 83
Kohl-Erdäpfelstrudel mit Wurstrestln ... 148
Kohlrabicreme-Tascherl ... 111
Koteletts mit Gartenbeilage ... 14
Kraftlackl-Sirup ... 86
Kräutersalz ... 19
Kräuterstangerl „Restlverwertung" ... 67
Kräutertorte ... 155
Krautsalat auf Vorrat ... 133
Kriacherlmarmelade ... 124
Kriacherlsirup ... 124
Kuchen für alle Fälle ... 173
Kümmel-Magenbitter ... 187
Kürbiskern-Kraftaufstrich ... 149
Lasagne, einmal anders ... 109
Lauchcreme-Suppe ... 164
Lavendelseife „Lavandula" ... 194
Lebkuchenlikör ... 21
Likör ... 180
Lindenblüten-Hollerblüten-Tee (Schwitztee) ... 12
Linsenaufstrich mit Kräutern ... 135
Linsen mit Speck und Kräuter-Semmelknödeln ... 46
Linsen-Schafgarben-Aufstrich mit Wurzelbrot ... 69
Linzertorte mit Brennnesselsamen ... 143
Lippenpflegestifte ... 105
Löwenzahnlikör ... 88
Löwenzahnsirup ... 89
Marillen-Schoko-Kuchen ... 120
Maronipralinen ... 206
Mein Wintertraum ... 12
Meisterwurz ... 95
Mini-Weckerl, mit Samen bestreut ... 134
Mohnstrudel aus Germteig ... 171
Mürber Apfelkuchen ... 175
Mürbes Apfelschlankel ... 22
Narbenkiller ... 196
Nudeln ... 168
Omas Ketchup „Curry" ... 170
Omas Ketchup „Pikant" ... 170
Omas Lieblingsbrot ... 48
Palatschinken ... 201
Paradeiser, passiert und eingekocht ... 138
Paradeispesto ... 198
Paradeissoße Extraklasse ... 113
Paradeissugo ... 169
Pesto-Drahdiwaberl ... 63
Pfeffersalz ... 19
Pikanter Hummus ... 82
Pizzabällchen ... 49
Polenta-Bärlauch-Genuss ... 63
Preiselbeer-Kren-Aufstrich ... 68

Quinoa-Laberl 50
Quittenessig 184
Quittengelee 182
Quittenkas 183
Quittenkerne 184
Restlstrudel mit Kräutersoße ... 47
Restlverwertungsdessert 21
Rhabarberfladen – Kuchen mit Schneehauberl 77
Rhabarberkompott 75
Rhabarber-Streuselkuchen 76
Ribiselessig 123
Rosenblütenpralinen 104
Roter Rübenaufstrich auf Baguette 38
Rote-Rüben-Brot mit Knack 37
Rotöl 106
Rotweingelee 202
Rumpops 191
Salbenthermophor 26
Schafgarbensirup 126
Schafmischkäsezigarren für Genießer 165
Scharfe Pfefferoni-Würzpaste 186
Schnecken am Stecken 32
Schneller Heidelbeerkuchen ... 142
Schnitzerlsalat 98
Schoko-Brennnesselsamen-Nuss-Trauben 39
Schoko-Kirsch-Kuchen mit Schwips 144
Schwedenbittercreme 40
Schweinskoteletts mit Polentaschnittchen, Bärlauchpesto und Eierschschwammerl in Rahmsoße 132
Schweinslungenbraten in Erdäpfelpufferkruste 30
Sehnen-und-Gelenks-Retter 127
Sektgelee 202
Selbst gemachte Nudeln in Schinken-Rahmsoße 168
Selbst gemachte Schokolade mit Lindenknospen 52
Senfgurken 114
Spalterbsensuppe 163
Steirisches Wurzelfleisch mit Salzkartoffeln 29
Strudelteigröllchen mit Kichererbsen und Hummus 18
Suchtaufstrich 84
Tee 180
Tee, der glücklich macht 181
Tee „Frühlingszauber" 27
Tee für alle Fälle 11
Tee „Ich warte auf den Frühling" 26
Teekochen – eine kleine Einführung 13
Topfenblätterteigtascherl mit Kräuter-Speckfülle 35
Topfentorte im Mürbteigmantel 190
„Traum von Apfelmus!"-Torte . 119
Überraschungsguglhupf 174
Vanillekipferl 210
Veilchensirup 74
Verdauungsschnapsl 25
Versteckerl-Muffins 141
Vogelbeer-Campari 162
Vogelmieren-Minimuffins 51
Waldaufstrich mit Eierschwammerl 114
Weingartenpfirsichröster 118
Weißdorn Likör – fürs Herzerl 161
Weißdornsafterl 160
Wenn's draußen feuchtelt 13
Wiesenköniginnen-Sirup 125
Wiesenlimonade 74
Wildes Herbstgelee 158
Wildkräuterblinis mit Rotem-Zwiebel-Confit 33
Wildkräutercreme 85
Wipferlsirup 89
Wurzelbrot 69
Wutzinudeln 200
Zipfelines Kräuterwürze 85
Zipfelines versteckte Wildkräuterblätter mit Sojasoße 71
Zucchinicremesupperl mit Pusstawürstln 107
Zucchini im Backteig versteckt mit Knoblauchrahm 137
Zucchinisalat mit Allerlei aus dem Garten 110
Zucchini-Sesam-Aufstrich 136
Zupfnockerlsuppe 147
Zweierlei Käsepralinen im Blütenmantel 72
Zwiebeltaler 166

freya BUCHTIPPS

Gerda Zipfelmayer

Omas Kräuterwelt

Für Leistungen wünschte sich das Enkelkind schriftliche Aufzeichnungen der gemeinsam entdeckten Pflanzen von der Oma, und so hat sich im Lauf der Jahre ein umfangreiches Werk entwickelt. Mit viel Liebe und Aufmerksamkeit wurde mit Pflanzen gekocht, Salben gerührt, Tinkturen angesetzt.

ISBN 978-3-99025-301-4

Dr. med. Petra Zizenbacher

Hildegard-von-Bingen-Küche

Die Medizinerin Dr. Petra Zizenbacher stellt die klassischen Gewürze, Getreide und Gemüsearten der heiligen Hildegard von Bingen vor.

Sie schreibt über den Gesundheitsnutzen und die Verarbeitung in einfache Menüs. Vorspeisen, Suppen, Beilagen, Hauptspeisen und Nachspeisen: viele runde Rezepte für ein rundes Leben – man nimmt dabei sogar ab.

ISBN 978-3-99025-413-4

BILDVERWEISE: © AdobeStock **Cover**: eyewave (Ribisel) / LiliGraphie (Karotte) / womue (Giersch) / Scisetti Alfio (Brennnessel) / stockpics (Leinenhintergrund) / oly5 (Leinenhintergrund Rücken) / Iakov Kalinin (Klappe innen links) / juhumbert (Klappe innen rechts) / **Kern**: Dionisvera S. 4, 29 (Wacholder) / Christian Jung S. 4 (Bärlauch), S. 48 (Getreide) / M. Schuppich S. 5, 12 (Lindenblüten) / baibaz S. 6, 20, 22 (Äpfel) S. 170, 198 (Tomaten) / Elenathewise S.7, 14 (Fisolen) / agneskantaruk S. 10 / voren1 S. 11 (Schafgarbe) / elen31 S. 11, 57, 150, 181, 194, 212 (Pinselstrich) / unpict S. 23 (Beinwell), S. 89, 90 (Fichtenwipferl), S. 149 (Kernöl) / juhumbert S. 41 / Scisetti Alfio S. 42 (Brennnessel), S. 150 (Goldrute) / photocrew S.43 (Bärlauch) / Birgit Reitz-Hofmann S. 45 (Bärlauch) / oxie99 S. 46 (Linsen) / mraoraor S. 55 (Ingwer) / Iakov Kalinin S.56 / Harald Biebel S. 57 / fotogal S. 75 (Rhabarber) / ExQuisine S. 78 / amy_lv S. 82 (Kichererbsen) / Nik S. 82 (Sonnenblumenkerne) / sommai S. 86 (Ingwer) / valery12183 S. 86 (Zitronen) / womue S. 87 (Hollerblüten), S. 112 (Giersch) / Anatolii S. 88 (Löwenzahn) / PIXbank S. 91 (Hollerbeeren unreif) / Mara Zemgaliete S.92 (Knoblauchzehen) / Natika S. 94 (Karotten) / volff S. 96 (rote Rüben) / Ruckszio S. 105 (Blutwurz) / Marina Lohrbach S. 106 / emuck S. 118 (Weingartenpfirsiche), S. 164 (Porree) / Alexander S. 120 (Marillenzweig) / eyewave S. 123 (Ribisel) / LumenST S. 123 (Himbeeren) / babsi_w S. 128 / Schlierner S. 131 / Daorson S. 132 (Polentagrieß) / LiliGraphie S. 133 / ekramar S. 139 (Roter Holler) / grey S. 141 (Heidelbeeren) / dule964 S. 143 (Brennnesselsamen) / Olga Vasilkova S. 145 (Brombeeren) / Henrik Larsson S. 145 (Beifuß) / Subbotina Anna S. 146 / Tetiana S. 156, 179 (Hagebutte) / Raffalo S. 159 (Hollerbeeren) / anitasstudio S. 161 (Weißdornbeeren) / Stocksnapper S. 167 (Brennnessel) / by-studio S. 175 (Äpfel) / Tim UR S. 177 (Trauben), S. 186 (Chili) / nedim_b S. 180 (Hagebutten) / sasapanchenko S. 181 (Königskerze) / Sergey Chayko S. 181 (Himbeerblätter) / ChaoticDesignStudio S. 184 / nata777_7 S. 204 (Muskatnuss)

READ GLOBAL BUY LOCAL

Erhältlich im gut sortierten Buchhandel.

www.freya.at www.freya-verlag.de